中学生心灵自助丛书

顾明远

著名教育家、中国教育学会原会长

作序推荐

心灵之友

中学生心理健康DIY

（第三版）

高永金 张　瑜／著

科学出版社

北　京

内 容 简 介

近年来，中学生心理健康问题日益引起社会各界的广泛关注。“中学生心灵自助丛书”立足为中学生提供心理健康知识，使其了解自我，学会自我控制，提高自我调节能力。丛书自2007年出版以来，已多次重印，累计销量近7万册，深受读者好评。

本书素材源自作者多年来亲历的近3000个心理咨询案例，分为学海泛舟、喜怒哀乐、人际交往、应试技巧和志愿填报五大主题，针对中学生常见的心理困扰，步步解读、循循善诱，使中学生在阅读的过程中得到潜移默化的帮助。同时，本书还配有实用的“趣味心理测试”，帮助同学们进行自我判断。

本书可以帮助同学们掌握实用的心理技巧，找到走出心理困境的途径，从而达到“助人自助”的目的，非常适合中学生及家长阅读，也可为中学一线教师的工作提供参考。

图书在版编目（CIP）数据

心灵之友：中学生心理健康DIY/高永金，张瑜著．—3版．—北京：科学出版社，2020.6
（中学生心灵自助丛书）
ISBN 978-7-03-061063-8

Ⅰ．①心…　Ⅱ．①高…②张…　Ⅲ．①中学生－心理健康－健康教育　Ⅳ．①G444

中国版本图书馆CIP数据核字（2019）第073173号

责任编辑：石　卉　付　艳　侯俊琳／责任校对：韩　杨
责任印制：师艳茹／封面设计：有道文化

科学出版社出版
北京东黄城根北街16号
邮政编码：100717
http://www.sciencep.com
天津市新科印刷有限公司 印刷
科学出版社发行　各地新华书店经销
*
2007年4月第 一 版　开本：720×1000　B5
2012年6月第 二 版　印张：13 3/4
2020年6月第 三 版　字数：216 000
2020年6月第七次印刷
定价：48.00元
（如有印装质量问题，我社负责调换）

·丛书序·

顾明远

著名教育家

中国教育学会会长

北京师范大学资深教授

当前，中学生心理健康问题已被大家所关注。造成中学生心理障碍的原因很多，有的来自家庭，也有的来自社会。家庭方面，如有些孩子由于备受家庭的宠爱，容易以自我为中心，遇到一些不顺心的事常会郁闷、苦恼；另外，一些留守儿童由于缺乏父母的关爱也容易形成封闭的性格。来自社会的原因也是多方面的，如因为现实与自己的理想不符，会使中学生想不通，产生心理障碍；网络等媒体的负面报道也常对中学生的思想、情绪造成影响；学习的竞争更是让中学生处在重重压力之下，使其心情不舒畅，感到不安宁，终日处于紧张之中。这些都是造成中学生心理障碍的因素。

我曾经看到过一篇报道，说一名女学生中考考了100分，但回家后大哭一场。妈妈问她，考了满分为什么还要哭？她说，某某同学也考了100分。这种嫉妒心，就是一种心理障碍。还有，某生原来在初中时总是名列前茅，并担任班干部，但考上重点高中以后发现许多同学比他还强，也没能当上班干部，心里有失落感，由自信变得自卑，这也是一种心理障碍。中学生处在身心发育的关键时期，会遇到许多矛盾，特别是在青春期，会产生许多困惑。这些矛盾和困惑如果化解了中学生就能健康地成长，如果不能化解就会积集成疾。因此，对中学生的教育不能只关心他们的学习成绩，更应关心他们的心理健康、人格的养成。教师要关心，家长更要关心。同时，学生也应该有自我控制情绪、调节心理的能力。家长的关心、老师的帮助，也要通过学生的自我调节才能起作用。因此，帮助学生了解自我、调节自我更重要。

“中学生心灵自助丛书”就是为中学生提供心理健康知识，使其了解自我，学会自我控制，提高自我调节能力的一套好书。此书已经试用多年，受到中学生，乃至教师、家长的欢迎。现在即将再版，作者希望我写几句。我觉得这样的书实在很需要，所以写了几句。是为序。

2012年1月11日

·前　言·

亲爱的中学生朋友，摆在你面前的这本心理健康读本，是“中学生心灵自助丛书”的第一本，是一本专为你们写的书。为了便于让大家在轻松、愉快的阅读中消化和吸收其中的心理健康知识，我们力图在语言风格上做到通俗易懂，同时我们还针对这本书的内容设计了一些可爱、有趣的漫画，希望能符合你们的阅读口味。

我们通过心理咨询室的现场咨询、电话咨询、QQ 在线咨询、电子邮件咨询和信件咨询等方式接待了全国各地的中学生朋友几千人次。同学们的困惑主要集中在以下几个方面（按接待案例数由多到少排序）：学习问题（主要包括学习压力大、考试没考好、上课分心、对学习没有兴趣、没掌握好的学习方法等）；人际交往问题（主要包括与同学、父母和老师的关系问题等）；情感问题（主要包括失恋、暗恋和师生恋等）；中考、高考问题（主要包括考前、考中和考后的困惑等）；等等。为了帮助更多的中学生朋友消除成长中类似的困惑，我们将这些案例分类整理，就有了今天同学们手上的这本心理健康自助书。本书按主题分为五章，分别为学海泛舟、喜怒哀乐、人际交往、应试技巧和志愿填报。

菁菁校园，莘莘学子，是有一些困惑，还是有一些危机？这本书愿长时间与你做伴，在清朗的月光下，在静谧的草坪上，在淙淙的小溪边，在漫漫的路途中，和你一起探讨很多很多成长中的小秘密。

从事青少年心理健康教育工作近 20 年来，我们已经陆续在《中国教育报》《现代教育报》《中国特殊教育》《心理学探新》《中国心理卫生杂志》《中国学校卫生》《中国教师》《心理与健康》《大众心理学》《中小学心理健康教育》《中小学心理健康导航》《青少年心理健康》《教育探索》《青春期健康》《高中生》《高中生之友》《素质教育》《广西教育》《中学文科》《中学生数理化》《中学生理科应试》等20多家报纸杂志上发表过80多篇文章，这些文章引起了很多同学的共鸣。我们从几百位同学的来信和来电中获得了许多鼓励与支持，而这也正是支撑我们继续在中学生心理健康教育道路上进行探索和研究的最大动力！因此，无论你是否喜欢这本书，我们都真诚期待你的来信（kingking1971@163.com），我们也很乐意接受大家的批评与指正。因为我们明白，同学们是最有发言权的。

路漫漫其修远兮，吾将上下而求索。

高永金　张　瑜

2020年4月

目录

第五章 志愿填报

第一章

学海泛舟

一、取得好成绩的秘诀

——善用你身边的三条求助热线

我的心情，
现在很不好；
我的脸上，
也没有微笑；
我的付出，
已经很多；
我的分数，
还是太少；
升学的路还是太窄，
叫我如何过得好；
千军万马都挤这独木桥，
我也只好硬着头皮跟着往前跑……

这是由流行歌曲《祝你平安》改编、在中学生朋友中广为流传的一首歌曲，简短的歌词反映了广大中学生朋友的心声。的确，学习是个苦差事，尤其是学习基础较弱的同学体会更深。你们可能常常想，要是能发现一种学习的秘诀，既省力、高效，又能在短时间内迅速提高成绩，那该多好啊！不少同学都来心理咨询室询问同样的问题：学习到底有没有捷径呢？有没有取得好成绩的秘诀？

心理老师为你支招：充分利用你身边的三条求助热线，即在学习的过程中，充分利用老师，向同学学习，选好、用好你的参考书。其实，除了基本的勤奋外，善于充分利用我们身边的资源，就是取得好成绩的秘诀。

求助热线一：充分利用老师这个“活资源”

每一位老师都是一座不可估量的宝库。我们要做的就是当好“掘金人”，尽最大的努力挖尽宝藏。上课一定要跟着老师走，因为每一位老师都必有他的高明之处。下课更要多往老师那儿跑，因为课堂上的时间是不够老师把“饺子”都从“壶”里倒出来的。不要怕老师烦，一位称职的老师不怕学生找，就怕学生不找。把老师当朋友，相信他，肯和他交流，他就会把你当朋友。因为多少年前，他也曾经当过学生，知道当学生是什么样的。

相信大家都有过这样的体验：自己费尽心思想了半天也没弄懂的问题，老师一点拨，顿时就明白了。那种只喜欢死啃书本、不善于求教他人的同学，恰恰是忽略了老师点拨的作用。托马斯·杰斐逊曾提到，我遇到了一位既精通各门科学，又平易近人、善于表达、思想自由、视野开阔的好老师，真是非常幸运的，他决定了我后来的全部生活和命运。可见，学会充分利用老师这个“活资源”，不仅关系到你的学习成绩，甚至还可能会影响到你对未来生活的选择。

既然利用老师这个“活资源”如此重要，那么，我们应如何充分利用这个资源呢？

首先，要了解各科老师的教学风格。不同的老师，教学风格是不同的。你要先适应他们的教学风格，才能更好地吸取知识。特别要注意通过老师的讲课来把握重点内容。一般来说，老师花费大量的时间和精力来讲的内容就是重点内容，这些内容就是你需要重点掌握的部分。其次，在学习中遇到困难和问题时，应及时找老师帮助解决。解答学生不懂的问题是老师的职责；而且不懂就问，这也是很简单的道理。然而，有些同学，就是没有勇气去向老师问问题，常常是不懂装懂。长期积累下来，很多问题没弄懂，导致成绩不理想，这与一部分同学的懒惰和虚荣心作怪有关。因此，必须克服这些弱点，才能充分地利用好老师这个“活资源”，尽快提高你的学习成绩。最后，对老师要求回答的问题做好充足的准备，积极参与到课堂讨论中去。相信同学们用好老师这个“活资源”，成绩一定会有很大的提高。

求助热线二：向同学学习

“独学而无友，则孤陋而寡闻。”加强学习交流，学人所长，补己之短，是提高学习质量、拓宽学习领域的重要途径。“三人行，必有我师焉。”善于学习的人，人际关系一定不会坏，而且在虚心学习的过程中不但可以积累人脉，还可以突破自己原来的思维格局，吸收更好的经验和知识，使自己快速前进。

卡耐基认为，学习中有两样东西最重要：一是自信心，二是与人打交道的能力。他提醒人们要常常问自己：“你能说服你的伙伴吗？”“在很多人面前，你能够自如地表达自己的意愿吗？”卡耐基通过自己的成功经验发现了一个重要的规律：一个人的成功，15% 靠专业知识，85% 靠人际关系和处世技巧。所谓人际关系和处世技巧就是学习合作。具体来说，在学习中跟同学合作、交流至少对你有以下帮助：有利于提高学习效率、有助于理清思路、增强学习动力（彼此鼓励）、增进同学间的友谊等。既然与同学合作、交流可以有这么多的益处，那么我们应怎样与同学合作学习呢？

一起讨论问题是比较好的一种方法。一个人自学，难点、疑点一时不容易弄明白，往往难以打开思路。如果几个同学一起，相互讨论，各抒己见，就会容易求得满意的答案。而且，在相互讨论的过程中，同学间不同的思维方式能给他人以启发。加里宁曾告诫青少年说：“当你独自阅览时，你们只了解到一面，即使了解了三面，还没有了解到第四面。当你终于把四面都了解了，哪知这东西不是一个平方形，而是一个正方体，总共有六面。所以同别人一起讨论，便能把思想磨砺深刻，能使它丰富起来。”

求助热线三：选好、用好你的参考书

关于参考书，同学们一定是再熟悉不过的了。它是为补充教材的不足而编写的，是学习不可缺少的助手。有人曾经把教材比作人体骨骼，而参考书则是人之血肉。然而，在书市上，关于中学生学习的参考书可以说多

求助三热线，
高分秘诀！
老师点拨
辅助参考书
合作学习

如牛毛，如果不加选择地乱用，往往会事倍功半，浪费很多宝贵的时间和精力。因此，是否会选择合适的教辅资料，也是影响学习成绩的一个非常重要的因素。

参考书不宜多，每次选参考书的时候都应精挑细选。参考书有很多类别，全是题的不好，应该先有讲解，再有附加的题。如果只有答案，那你不会的还是不会。遇到不会的题或者自己做的答案和书上的不一样，不能轻易放过，要追着老师问，探讨解题的过程。有时候老师三言两语的点拨，比自己闷头做几天题的效果都好。

选择参考书有几个细节是一定要注意的：一是出版社，最好是知名度高、在教辅领域更权威的；二是出版日期，太老的版本最好不要选；三是作者及其背景，最好是名师名校，了解作者的教学风格和写作特点之后，应尽量选择自己容易接受的或是比较能启发自己思路的来看；四是书中的内容，当需要针对自己的弱点进行强化的时候，作者就不是选参考书的主要考虑因素了，应重点查看书里面的题目是否能针对自己的弱点，题目难度是否深浅适中，题目是否能与教科书及平时课上练习的思路基本一致，而不是偏题、怪题；五是多听听别的同学和老师的意见，和同学一起做同一本书或做老师推荐的书，有利于和同学、老师交流。

然而，选好参考书只完成了第一步，还要善于正确地使用好参考书。首先，要根据自己的需要，采取相应的使用方式。同一本参考书，不同的同学可能有不同的使用目的，有的同学可能是用来帮助理解教材、理清教材脉络；有的同学可能用来巩固知识和强化训练。同一本书，对同一个人来说，在不同的时间，也有不同的使用目的。因此，要根据自己的需要选择使用方式。其次，要抓住重点。不管以什么目的来使用，都应抓教材上规定的重点内容来看，否则捡了芝麻丢了西瓜，得不偿失。最后，要注意与教材结合起来使用。应在吃透教材的情况下使用，以教材为本，以参考书为辅，使二者相得益彰。

“世间自有公道，付出总有回报。”衷心地希望同学们能用好自己身边的这三条求助热线，迅速提高学习成绩，实现自己的梦想。在这里，将学习细节“三字经”送给大家。

学习上，忌浮躁。遇难题，多动脑。
不怕笑，勤讨教。不敷衍，才有效。
有人问，热心教。不保守，不嘲笑。
自习课，不乱跑。不说话，不商讨。
进教室，不迟到。铃声响，静悄悄。
读书时，声音高。守纪律，不胡闹。
课堂上，勤动脑。多举手，多探讨。
做习题，绝不抄。静下心，独思考。
书写时，不潦草。作业本，及时交。
课课练，月月考。细审题，失分少。
每份卷，装订好。复习时，免得找。
黑板报，勤投稿。版面美，设计巧。
重细节，急需要。努力学，文化高。
按要求，都做到。创佳绩，是骄傲。

趣味心理测试

你的学习动机如何

指导语：根据你的实际情况，请对下列问题做“是”或“否”的回答。

1. 如果别人不督促我，我极少主动地学习。 是○　否○
2. 当我读书时，需要很长时间才能提起精神来。 是○　否○
3. 我一读书就觉得疲劳与厌烦，只想睡觉。 是○　否○
4. 除老师指定的作业，我不想多看书。 是○　否○
5. 如果有不懂的地方，我根本不想弄懂它。 是○　否○
6. 我常想自己不用花太多的时间，成绩也会超过别人。 是○　否○
7. 我迫切希望自己在短时间内就大幅度提高自己的学习成绩。 是○　否○
8. 我常为短时间内成绩没能提高而烦恼不已。 是○　否○
9. 为及时完成某项作业，我宁愿废寝忘食、通宵达旦。 是○　否○
10. 为学好功课，我放弃了许多感兴趣的活动，如体育锻炼、看电影与郊游等。 是○　否○

11. 我觉得读书没有意思，想去找个工作。 是○ 否○

12. 我常认为课本上的基础知识没啥好学的，只有高深的理论、大部头作品才带劲。

是○ 否○

13. 我只在喜欢的科目上狠下功夫，而对不喜欢的科目放任自流。 是○ 否○

14. 我花在课外读物上的时间比花在教科书上的时间要多得多。 是○ 否○

15. 我把自己的时间平均分配在各科上。 是○ 否○

16. 我给自己定下的学习目标，多数因做不到而不得不放弃。 是○ 否○

17. 我几乎毫不费力就能实现自己的学习目标。 是○ 否○

18. 我总是同时为实现几个学习目标而忙得焦头烂额。 是○ 否○

19. 为了对付每天的学习任务，我已经感到力不从心了。 是○ 否○

20. 为了实现一个大目标，我不再给自己制定循序渐进的小目标。

是○ 否○

评分

上述 20 个题目可以分为 4 组，分别从 4 个方面测查学生在学习动机上的受困扰程度：1 ～ 5 题测查学习动机是不是太弱，6 ～ 10 题测查学习动机是不是太强，11 ～ 15 题测查在学习兴趣上是否存在困扰，16 ～ 20 题测查在学习目标上是否存在困扰。

假如你对某组（每组 5 题）中的大多数题目持认同的态度，则说明你在相应的学习动机上存在一些不够正确的认识，或存在一定程度的困扰。

从总体上讲，答“是”的记 1 分，答“否”的记 0 分，将所有题目得分相加，算出总分。

你的总分为：______________。

解释

14～20分：在学习动机上有严重的问题和困扰，须调整。

6～13分：在学习动机上有一定的问题和困扰，建议调整。

0～5分：在学习动机上有少许问题，一般无须调整。

真情寄语

三人行，必有我师焉。择其善者而从之，其不善者而改之。

二、兴趣是最好的老师

——如何培养学习兴趣

兴趣是学习的强大动力，有意识地培养自己的兴趣，能让自己在自发的状态下，自觉地完成学习任务。在这种情况下，自己会对学习压力有相当强的承受能力，甚至一点都不觉得学习是件苦差事，而且学习效果更好、记忆力也相对加强。从长远来看，对自己的身心健康也十分有利。

古今中外，凡有成绩者大都对自己所从事的事业有着浓厚的兴趣，兴趣推动着他们孜孜不倦地追求，从而取得成功。

法国昆虫学家法布尔，从小就对昆虫产生了浓厚的兴趣。有一天夜里，他提着灯笼，蹲在田野里，观看蜈蚣怎样产卵，后来他忽然感到周围越来越亮，抬头一看，原来太阳已经从东方升起。法布尔为什么对观察昆虫如此入迷呢？因为他对昆虫研究产生了浓厚的兴趣，这种兴趣激发了他终身研究昆虫的志趣，并促使他写下了巨著《昆虫记》（共十卷），对昆虫学做出了巨大的贡献。

科学家丁肇中用六年时间学完了别人十年的课程，最后终于发现了“J 粒子”，并获得诺贝尔奖。记者问他：“你如此刻苦读书，不觉得很苦很累吗？”他回答：“不，一点儿也不，没有任何人强迫我这样做，正相反，我觉得很快活。因为有兴趣，我急于要探索物质世界的奥秘，比如搞物理实验，因为有兴趣，我可以三天三夜待在实验室里，守在仪器旁。我急切地希望发现我要探索的东西。”

同学们只有对学习感兴趣，才能把心理活动指向和集中在学习的对象上，使感知觉活跃、注意力集中、观察敏锐、记忆持久而准确，也才能激发和强化学习的内在动力，从而调动学习的积极性。

经常有同学谈到，在学习时不能很好地集中注意力，有的同学说听课时常常走神，有的同学说一看到书就瞌睡，还有的同学干脆就说很讨厌学习。造成这些问题的原因可能是多方面的，但其中很重要的一点就是缺乏对学习的兴趣。因此，培养学习兴趣对同学们来说是非常重要的。有了学习兴趣，学习就不再是枯燥的事情，学习效率就会提高。“兴趣和爱好是最好的老师”说的也正是这个道理。那么，怎样才能培养学习兴趣呢？

好奇心是形成学习兴趣的先导

好奇心是先天的心理特征，人人皆有。一个处在童年期的小孩对外界新鲜事物感到好奇，总是向大人问这问那，总想弄个明白。很多科学家从小都有超常的好奇心，欧几里得从小对数学怀有好奇心，阿基米德从小对物理现象怀有好奇心。我国古代科学家沈括被英国剑桥大学的李约瑟教授

Ω
H_2O
A
趣~
怎么学?!

称为“中国整部科学史中最卓越的人物”。他对天文、气象、历法、医药等多领域有好奇心。居里夫人说：“好奇心是学者的第一美德，而好奇心又总是兴趣的导因。”作为中学生，要十分珍惜与爱护自己的好奇心，带着好奇心去学习各种科学文体知识，带着好奇心去了解大自然，带着好奇心去观察社会，带着好奇心去揭示未知世界的秘密。

知识积累是形成学习兴趣的源泉

苏联著名的教育家苏霍姆林斯基曾说过：“在事物本质中，在它们种种关系和相互关系中，在运动变化中，在人们的思维中，在人类创造的所有一切中，都含有兴趣的无穷尽的源泉。”可见，广博的知识包含着广泛的兴趣。知识积累得越多，兴趣也就不断地增加。不少同学都有这种体验：听得懂、学得好的课就有兴趣，听不懂、学得不好的课就没有兴趣。这就说明知识的积累是形成学习兴趣的源泉。同学们要设法及时把课堂上听不懂的地方搞清楚，从听得懂每一节课开始，进而学好每一门课，这样你对学习的兴趣就会逐步增加。

加强对学科本身意义的了解和认识

当一门学科没有太强的吸引力时，对最终目标的了解是很重要的。这在心理学上被称为目标动机理论，也就是让自己明白学习这门学科最终有什么意义。学习过程多半都是需要长期的艰苦努力，这种艰巨性往往让人望而却步。学习是学生的天职，又不能不学，所以要认真了解学习每门学科的目的。比如：有的同学在学习数学时，认识不到学习数学的意义，就简单地认为，学习数学就是为了计算，那么高中阶段的代数、几何对我们又有什么意义呢？但是要知道，学不好数学，将来很难学好物理、化学、计算机等学科。这样，同学们可能就会重新看待学习数学的重要性了，进而也能培养对这门学科的兴趣。

积极的自我暗示

积极的自我暗示就是从改善学习者自身的心理状态入手，对自己不喜欢的学科充满信心，暗示自己该学科是非常有趣的，自己一定会喜欢这门学科。想象中的“兴趣”会推动我们认真学习该学科，从而对该学科真正感兴趣。例如，一位同学对学习地理毫无兴趣，为了培养对地理的兴趣，他就经常做这样的自我暗示：“我喜欢你——地理！”一段时间以后，他觉得地理不像从前那样枯燥无味了。他还积极地从图书馆借阅了一些有关地理的书，再上地理课时也开始认真听老师讲解了，后来他真的很喜欢地理了，总是急不可待地盼着上地理课。

想象学习成功后的情景

我们满腔热情地去做一件事前，一般都先对它的结果有了预期的想象，才能坚持去做这件事情。例如，你想象某个电影非常好看才促使你去看，假如你事先想象这个电影不好看，那么你就不会想去看。厨师想象出自己做出来的佳肴是什么味道，继而辛苦劳作；作曲家想象出自己作出的曲子会产生什么样的声音，从而激发出他的创作热情。你可以想象出考试成绩优秀，可以顺利进入大学，为家庭、为社会做出贡献，为个人创造好的前程；也可以想象出考试成绩优秀，得到老师、家长的赞扬，使同学们羡慕等，从而激发学习兴趣。想象会帮你成功！

学习既要知难而进，又要从易到难

学习是个循序渐进的过程，在学习中遇到困难是很正常的现象。有的同学喜欢向困难挑战，在战胜困难时感到其乐无穷，自然学习兴趣也倍增；有的同学不喜欢面对困难，就可以在学习时注意从易到难，不要急于求成，这样在每一步前进中都会有一种成就感，受成就动机的影响，同样可以培养学习的兴趣。

最后，我要强调的一点是，任何学科都有其乐趣和意义，可是真正学起来又都有枯燥的一面。学习要有耐心，也要有吃苦精神。如果能做到这些，你的兴趣一定能培养起来，学习成绩也一定能提高。

趣味心理测试

你的学习兴趣如何

指导语：根据你的实际情况，请对下列题目做出最适合你的选择。

1. 学习遇到困难时，你是否问老师？（ ）

A. 经常问　B. 有时问　C. 从来不问

2. 你关心自己的考试成绩吗？（ ）

A. 非常关心　B. 有时关心　C. 从不关心

3. 学习中你是否对困难的问题采取回避态度？（ ）

A. 从不回避　B. 有时回避　C. 经常回避

4. 你经常提前完成老师布置的作业吗？（ ）

A. 经常这样　B. 有时这样　C. 从不这样

5. 解题时，你是否常常试图找出较为新颖的解法？（ ）

A. 经常这样　B. 有时这样　C. 从不这样

6. 没有师长的督促，你能主动学习吗？　（　　）

A. 经常这样　B. 有时这样　C. 从不这样

7. 学习时，你因为思想开小差而浪费时间吗？　（　　）

A. 从不这样　B. 有时这样　C. 经常这样

8. 成绩不好的科目，你是否更努力地学习？　（　　）

A. 经常这样　B. 有时这样　C. 从不这样

9. 你是否认为不努力学习是不行的？　（　　）

A. 总是这样　B. 时常这样　C. 偶尔这样

10. 你常因为一些不重要的事情而请假不去上课吗？　（　　）

A. 从不这样　B. 有时这样　C. 经常这样

11. 你常为自己不按时完成作业而找借口吗？　（　　）

A. 从不这样　B. 有时这样　C. 经常这样

12. 你学习时能否一坐到桌子前就马上开始学习？　（　　）

A. 能　B. 有时不能　C. 不能

13. 你是否认为学习没意思？　（　　）

A. 从不这样　B. 有时这样　C. 一直这样

14. 你是否讨厌对学习要求严格的老师？　（　　）

A. 从不讨厌　B. 有些讨厌　C. 非常讨厌

15. 坐到桌前学习时，你是否感到厌烦？　（　　）

A. 从不厌烦　B. 有时厌烦　C. 非常厌烦

16. 你讨厌学习时，是否找“头痛”“肚子痛”等借口？　（　　）

A. 从不找　B. 一般不找　C. 有时找

17. 你是否认为根据自己的情况，必须拼命学习？（　　）

A. 总是这样　B. 经常这样　C. 偶尔这样

18. 你是否认为自己没有毅力，不能继续学习？（　　）

A. 从不这样　B. 有时这样　C. 一直这样

19. 你在学习时，有人打扰你，你是否感到厌烦？（　　）

A. 是　B. 有时是　C. 不是

20. 你是否经常把零花钱省下来买学习用书？（　　）

A. 经常这样　B. 有时这样　C. 从不这样

评分

每题选A计2分，选B计1分，选C计0分，将各题得分相加，算出总分。

你的总分为：________________。

解释

26分及以上：学习兴趣较高，希望你继续保持。

13～25分：学习兴趣中等，你应该努力提高学习积极性。

0～12分：缺乏学习兴趣，你应该引起足够重视。

真情寄语

学习中经常取得成功可能会导致更大的学习兴趣。

三、效率决定成败

——谈如何提高听课效率

中学时代是人生打基础的黄金时代。九层高台，起于垒土。同学们将来能不能成才、能不能有所建树，就看你们在中学阶段打下的基础如何。而这基础，正是从中学 6 年共计 9600 多节课中“垒”起来的。因此，课堂对于同学们来说是最宝贵的了。有人说：“中学生不把上课作为学习的中心环节来抓，就是捡了芝麻丢了西瓜。”这话可谓再恰当不过了。那么同学们在平时的上课过程中，应怎样做才能提高听课效率、取得理想的成绩呢?

充分做好课前准备

做好课前各种听课准备，是提高听课效率最基本的前提。

1. 知识准备——课前预习

俗话说“有备无患”，就是要求在学习上不打无准备之战。预习的过程，是旧知识的温习过程、准备过程，也是由旧知识向新知识过渡的过程。学习某种新知识，要运用到哪些旧知识、联系到哪些旧知识，哪些知识要做重点准备，都要做到心中有数。只有这样，才能在听课中把新知识纳入旧知识体系之中，形成崭新的知识结构。因此，通过预习，可以温故知新，找出重点、难点，特别是碰到问题可以在书上做个记号，上课时，格外注意老师对这方面问题的分析讲解，这样听课，目的明确，态度积极，听课效率就会更高。

2. 体力准备——充足睡眠

上课学习是一项艰苦的劳动，它需要同学们有充沛旺盛的精力和健康的身体。除了平时要积极参加体育锻炼外，还要合理安排好休息时间，保证每天有 8 个小时睡眠时间，并做到早睡早起。同时还要注意自己的饮食与营养卫生。这样才能保持良好的精神状态，听课效果自然就会好。

3. 心理准备——良好情绪

上课还要有良好的心理准备，这是一项容易被同学们忽视的十分重要的准备。实际上，学习过程是伴随着同学们的学习动机、学习情感、学习兴趣、学习毅力和个性等心理因素的运动过程，其参与度与学习效率成正比。同学们上课的目的和情绪尤其重要。心理学家研究认为，学生在目的非常明确、心情非常愉快的情况下，更能充分发挥自己的学习潜能，学习效果也更好。

4. 物质准备——学习用品

上课前把要用的课本、笔记本、练习本以及所需文具准备好，要削好铅笔、装好圆珠笔、灌满钢笔墨水等，课桌上尽可能不要出现非该学科的书本，这是为了避免课堂上受到其他因素的影响而不能集中注意力听课。大家千万不要等到老师讲课了才找这找那，这样不仅会浪费你课堂上宝贵的时间，而且还会打乱你听课的思路。

掌握课堂听课的技巧与方法

1. 精力充沛，全神贯注投入听课

全神贯注地听课，即高度集中注意力、充分调动多种感官参与听课，不一心二用。许多学习成绩优秀的同学在课堂上全神贯注地听课，不乱想，不乱动，不乱看，努力排除听课干扰，做到眼到、耳到、心到、手到；边看，边听，边想，边写，思维处于高度集中状态。当然，一节课四十多分钟始终保持全神贯注是很难做到的，也是不必要的，同时也是违背心理活动规律的。一个成功的学习者，应该既能随着教师讲授的波澜前进，也能在必要时做一点缓冲、舒展，自动调节，以作提神之用。同学们可将注意力集中在老师对自己在预习中发现的难点的讲授上，集中搞清老

好开心
努力
题海
无穷无尽
开夜车
开心
100
12

师讲授思路；对于老师讲授中自己已经弄懂的部分，可以让大脑放松一瞬，以求调节兴奋与抑制生理机制，便于注意力的新的集中。

2. 积极思考问题，敢于质疑问难

爱因斯坦说过："提出一个问题往往比解决一个问题更重要。因为解决一个问题也许仅是一个数字或实验上的技能而已，而提出新的问题、新的可能，从新的角度看旧的问题，却需要有创造性的想象力，而且标志着科学的真正进步。"因此，学习离不开思考，听课是同学们学习的一种主要形式，也离不开思考。"思则明，不思则暗"，没有思考和理解新概念，掌握新旧知识之间的内在联系便是一句空话，听课的实际意义也就不复存在了。学与思是辩证统一的，也是相互转换的。学是接收、贮存信息，思是判断、处理信息，思维总得有思考的东西，这些东西即是学得的知识，知识便是思维的"原料"。学是基础，思是发展，学的过程即思的过程，学必思，思在学中，善思才算善学。课堂上有疑惑的问题，有不同的想法，要敢于提出，以求得到老师的及时帮助。每位同学都可能遇到上课听不懂的情况。有的同学听不懂会立即去问自己的同桌或埋头查阅工具书、参考资料等，这些做法都是不合适的。因为这样一是会耽误自己听课，二是若急于问别人，则既会耽误自己听课又会影响别人听讲。

3. 积极回答问题，与老师进行互动

一般而言，老师的提问往往是教材中的重点、难点或需要引起特别注意的地方，要快速思考、踊跃发言。在其他同学回答问题的时候，自己也

要集中精力，边听边分析正误，留心不完善的或有错的地方，随时准备补充和纠正。上课不仅仅是老师向同学们单向传递知识的过程，而且是老师和同学们双向交流信息的过程。其中的主要形式之一，就是老师提问、同学们回答；或者在同学与同学之间展开问答。这样做，一方面，可调动同学们的积极性，启发大家思考，提高听课效率；另一方面，能锻炼同学们的语言表达能力和大脑的快速反应能力，将被动地听课变为主动地参与。因此，同学们可要随时准备积极发言，不要失去这样的大好机会呀！

4. 善于抓住这堂课的知识内容和学科特点

知识内容一般指基本的概念、原理、关系式及公式、定义。当老师讲解这些关键知识时，同学们一定要特别注意，抓住不放。同样，不抓住学科特点的关键进行学习，也会影响同学们的学习效果。实际上，各门学科的内容体系、发展思路、训练要求以及教的方法各有特点，同学们在学习中应注意这些学科的特点。比如，语文和外语这两门课，在听课时应主要抓住字、词、句、篇等方面的知识点，并且通过听、说、读、写来提高阅读和写作能力，以便更好地理解和掌握语言及文字；数学这门课则必须通过大量演算、证明等练习获得基本知识，从而培养数学思维能力；而物理、化学、生物这三门课则要特别注意观察和实验，在获得感性知识的基础上，通过思考来掌握科学概念和规律。

5. 对症下药，科学合理地做好课堂笔记

为了加深对知识的理解和记忆、帮助课后复习巩固新知识，同时培养

记笔记的能力，同学们在课堂听课时，要学会记笔记，这也是听好课、提高学习效率的一种学习艺术。同学们做课堂笔记，要做好以下几点：首先，要记下主讲章节的主标题和副标题，抓住每节的主题和老师讲授的重点等；其次，对课内的要点、公式、说明、结论、注释等也都要记录下来；最后，还要记录老师对问题的见解和思维方式，必要时还要加注，以备课后提炼、升华、复习备考。需要特别指出的是，课堂笔记尽量要用短语、数字、图表及各类符号，眉目要清楚，语言要简练，文字要清晰，同时还要尽量减少记录时间，从而使听、看、记、思相互结合，并能及时对讲授信息做出反馈。

6. 认真对待作业，做好及时复习

托尔斯泰说过："知识，只有当它靠积极思维，而不是凭记忆得来的时候，才是真正的知识。"无论学哪一门功课，课堂上老师讲的、笔记本上记的、课外阅读得来的等，都是书本上的知识，要把它们转化为自己的知识，使自己能够自如地运用，就必须通过作业实践来转化。独立思考、认真作业、理解提高是同学们对待作业的正确态度。第一，要做好作业的准备工作，把预习、上课、课后复习衔接起来；第二，要审好作业题，善于分析和分解题目；第三，要理清解题的思路，准确表达，独立完成作业；第四，要学会检查，掌握对各学科作业进行自我订正的方法。

7. 不但要学习知识，还要学习方法

同样的知识不同的同学来学就会产生不同的效果，关键在于学习方法

的使用。科学的学习方法将使学习者的才能得到充分的发挥，越学越聪明，给学习者带来高效率和乐趣，从而节省大量的时间。因此，课堂上，同学们应该向各科老师学习科学的思维方法，即不仅要理解各科老师讲解的内容，还要跟各科老师学习分析问题、解决问题的逻辑思维方法。

知识像海洋那样浩瀚，一个人无论天资多么高，精力多么充沛，毅力多么顽强，学习条件多么优越，也不可能把所有的知识都学到手。知识也是需要时常更新的，随着时间的流逝，知识又可能被遗忘，但获取知识的方法却不会被丢失。“授之以鱼，仅供一饭之需；教人以渔，则终身受用无穷。”说的也就是这个道理。总之，课前要充分做好预习，课中听讲要领悟学法，课后完成作业要巩固学法，课外学习要运用学法，还要不断总结和优化学法，努力探索适合自己个性的听课方法，提高自己的听课效率，考取优异的成绩，为自己将来的发展打下坚实的基础。

趣味心理测试

你的课堂听课效率高吗

指导语：下面共计十个题目。请你认真地完成每一道题目，并按评分标准计算出自己的总分。每题共有三个选项，分别是：A. 是；B. 否；C. 不确定。

1. 你是否因为对老师的讲课方法不适应或觉得课程进度太慢而感到没有意思？（　　）
2. 你课前认真地进行预习吗？（　　）
3. 你课后认真地进行复习吗？（　　）
4. 你做作业态度认真吗？字迹工整吗？（　　）
5. 上课的时候，你有思想开小差的情况吗？（　　）
6. 你听讲的时候和同学们聊天吗？（　　）
7. 你记课堂笔记吗？（　　）
8. 你对老师的提问主动地回答吗？（　　）
9. 你主动地进行实验吗？（　　）
10. 你不明白的地方会尽可能地去问老师吗？（　　）

评分

在 2、3、4、7、8、9、10 题上选 A 的计 2 分，选 B 的计 0 分，选 C 的计 1 分；在 1、5、6 题上选 A 的计 0 分，选 B 的计 2 分，选 C 的计 1 分；满分为 20 分。

你的总分为：______________。

解释

0 ～ 3 分：你的听课效率非常差。

4 ～ 7 分：你的听课效率较差。

8 ～ 12 分：你的听课效率一般。

13 ～ 16 分：你的听课效率较好。

17 分及以上：你的听课效率非常好。

真情寄语

当你全神贯注时，你完成工作的速度和效率会相当惊人，就像是一个广角或可调焦距的镜头，只要缩小焦距，你就可以朝着你所想的方向前进。

四、善用记忆方法　搞好高考复习

在高考复习一段时间以后，开始有同学抱怨高考复习很苦、很累，觉得要背诵的东西太多、太杂，很苦恼。因此，如何提高记忆效率就成为高考复习中亟待解决的问题。心理学研究表明：记忆活动是有规律可循的，灵活掌握和运用记忆方法能使高考复习达到事半功倍的效果。下面介绍几种行之有效的记忆方法，供大家学习和参考。

多通道记忆法

中国有些人可以通宵达旦地干一件事而不感到累——打牌。究其原因是做到心、耳、手、眼、口“五到”（打牌时心里想赢，脑袋不断思考，耳在听，口在说，眼在看牌，双手抓牌）。

心理学研究发现：大脑神经与身体的各个部位的神经紧密相连。全身各部位都协调地运动，大脑就不容易疲劳。心理学专家调查发现：只听效率为13%，只看效率为18%，只动口效率为32%，如果耳、眼、口并用，效率为52%，如果加上双手不断自然地做动作（口中还要说或喊叫学到的知识，并在内心相信自己理解和掌握了知识），效率可高达72%，而且不会感到累（正如人们打牌不累一样）。实际上这与宋代学者朱熹提出的读书要做到“三到”（心到、眼到、口到）是相吻合的。刚开始使用多通道记忆法时你可能不太习惯，但贵在持之以恒，长期坚持就会发现它的优势和价值。

过度学习法

如果是烧水，烧到100℃也就够了，即使再烧，也仍是100℃，徒劳无益。记忆则不同，记忆到可以正确识记的程度时不能就此止步，还需要继续复习，心理学中称之为过度学习，又称过度识记或超额学习。

因为过度学习会耗费更多的时间和精力，同学们也要明白过犹不及的道理，不能一味地重复。心理学研究表明，学习程度一般以150%为佳，其效应也最大。也就是说，如果重复记忆2次就能正确识记，最好再重复1次；如果重复记忆4次才能正确识记，最好总共重复6次。具体应该重复几次，应该因人、因材料而异，不可一概而论，也不要一成不变。

及时复习法

根据遗忘过程中“先快后慢”的规律，复习要在识记后立即开始，即及时复习，这样会记得更牢固、扎实，不要等遗忘了再去复习。间隔时间过长再去复习，等于从头学起，会花费更多的精力和时间。所以说，在考生中盛行的“突击式”或“车轮战”的复习方法是违背记忆规律的。实际上，这两种方法都是在以往学习内容差不多完全遗忘的情况下进行复习的，这样的复习既不经济又没效率。如果在学习或首次复习之后的最短时间内重新投入复习，则可省去许多宝贵时间。但须特别说明一下的是，及时复习的时间间隔不是越短越好，而是要因人而异的。另外，及时复习的方法更适合于文字材料的背诵，如英语单词、文章段落、大论述题等。

尝试反馈法

背诵在高考复习过程中占有重要地位。心理学研究发现：背诵中的反馈作用非常重要，它能极大地提高记忆效果、节省时间。漫长的高考复习过程中可以利用的反馈方式包括阅读、回想和提示等，它们可以将在记忆过程中被遗忘的地方进一步加强。

第一种反馈方式是阅读。与单纯阅读或单纯背诵相比，边背边读更能增加记忆量，节省记忆时间。具体做法是，先将材料读上几遍，然后尝试着背诵一遍，记不住的地方再读几遍，然后再背，直到彻底记住为止。这种方法利用的原理就是及时反馈。第二种反馈方式是回想。一段复习材料背诵之后，间隔一段时间或在从事其他活动过程中，回想一下刚才的记忆内容，并将其中的重点内容（如标题和关键词）背出声来，其中遗忘的内容作为下次背诵的重点。第三种反馈方式是提示。将学习材料背过几遍之后，交给帮助你背诵的人，由对方任选其中应背的内容向你提问。背诵过程中遗忘的地方可以由提问者加以提示，并作为下次背诵的重点。值得说明的是，这种方法适合于长篇内容的背诵，若能与及时复习法结合，效果更佳。

排除抑制法

对于抑制，我们每个人可能都会有亲身体验。比方说背课文，第一段背得很清楚，最后一段也背得很清楚，往往是中间的容易忘掉。原因就是知识与知识相互抑制、相互干扰导致遗忘。心理学上将这种现象称为“材料间的相互抑制”。抑制可分为倒摄抑制（后学习的材料对先学习材料的干扰）和前摄抑制（先学习的材料对后学习材料的干扰）两种，都会对识记产生干扰。晚上临睡前识记的材料因为免受倒摄抑制的影响，第二天早晨仍能清晰地回忆起来；早晨识记的材料则不受前摄抑制的影响，故记忆效果也较好。因此，我们在安排复习记忆任务时最好充分利用晚上和早晨这段时间，以消除倒摄抑制和前摄抑制的消极影响。

心理学研究还表明，学习内容的相似性越大，相互间的干扰也就越大。因此，复习时可采用文理交叉方式安排复习内容，以减少材料间的相似程度，也可以打乱材料的先后顺序进行复习，以改善记忆效果不均衡的现象；另外，复习中间安排适当的休息和调整也有利于化解抑制记忆干扰。

当然，相关的记忆方法还有很多，比如重点记忆法、分类记忆法、谐

多通道记忆法
过度学习法
及时复习法
记忆

音记忆法、意义记忆法、综合识记法等，限于篇幅，在此就不再一一阐述。最后，希望同学们能利用好以上几种重要的记忆方法，记得快、记得牢、学得轻松、复习得扎实，愉快地迎接来年的高考，实现自己的梦想。

趣味心理测试

记忆力测试

指导语：下面的小测验是用来检测你的记忆力的。仔细阅读每句陈述，看看是否与你的情况符合。

1. 我很少因为忘记别人的姓名而感到尴尬。　是○　否○
2. 我的词汇量很丰富，在描述某一个事物时，总能使用大量同义词。　是○　否○
3. 刚进入一个新班级，我能很快记住班里同学的姓名。　是○　否○
4. 对于学过的知识，我不必寻找笔记本，就能很快地说出相关知识点的内容。　是○　否○
5. 我很奇怪有的人为什么会提笔忘字。　是○　否○
6. 我不会做一大堆笔记，而是选择性地记住有用的信息。　是○　否○
7. 对于计划要做的事，我一般都不会忘记去做。　是○　否○
8. 我脑中总是有相当多的实例和轶事，以便增加说话的趣味和意义。　是○　否○

9. 我经常利用一些技巧，例如联想、谐音等方法来记忆单调的信息，如电话号码、密码、地址、单词等。　是○　否○

10. 我一般能（或是采用某种笨方法）记住一些重要日期，例如别人的生日和周年纪念。　是○　否○

评分

回答“是”计 1 分，“否”计 0 分，最后各题得分相加，即为你的总分。

你的总分为：______________。

解释

8 ～ 10 分：你的记忆力超出平均水平。

4 ～ 7 分：你的记忆力一般。

0 ～ 3 分：你的记忆力不好，需要改善。

真情寄语

记忆是有技巧的，掌握科学的记忆策略，养成良好的记忆习惯，有助于提高记忆力。

第二章

喜怒哀乐

一、我的情绪我做主

在同学们的身上，有一样奇妙的东西。它能使你精神振奋，也能让你萎靡不振；它能使你兴高采烈，也能让你垂头丧气；它能使你激情高昂，也能让你心如止水；它能使你奋发向上，也能让你自暴自弃；它能使你心平气和，也能让你暴跳如雷；它能使你幸福快乐，也能让你痛苦悲伤——它，就是你的情绪。它包含着喜、怒、哀、乐四种最基本的内容。它产生于你的心理需求是否得到满足，得到满足则幸福快乐，得不到满足就痛苦哀伤。情绪又有积极与消极之分，积极的情绪给你带来轻松、愉快和奋发向上，消极的情绪则给你带来痛苦、哀伤和灰心丧气。

同学们进入青春期后，情绪好像有个“发病期”。每隔一段时间，就会莫名其妙地低落，表现为整天闷闷不乐，不愿理睬别人，也没心思做事。这不仅影响心情，还会影响同学关系。这种情绪周期性变化其实不是病，而是正常的生理、心理现象，因为人的情绪同智力、体力一样具有周期性。奥地利的一位心理学家首先发现，人的情绪高低波动以 28 天为一周期，遵循着临界日→高潮期→临界日→低潮期→临界日→高潮期的规律而循环往复。人的体力、智力周期也有大致如此的波形，三者相互影响。高潮期的表现为精力旺盛、情绪高涨、乐观积极、思维敏捷、记忆力强。低潮期的表现为耐力下降、容易疲劳、心神烦躁、情绪低落、思维迟钝、记忆减退。这种周期性就如同无形的时钟一样制约着人体，演奏着经久不息的生命进行曲，所以有人把这称为生物钟现象。既然这是一种正常现象，就不必过分担心和忧虑了。

情绪就像天气一样总是在变化着。情绪的变化，总是关联和影响着同学们的工作学习、人际关系和心态走势。理性要求同学们当好自己的心理调控师。驾驭情绪、做情绪的主人是同学们应该培养和锻炼的一种能力。

情绪与健康

情绪对同学们的影响是长期甚至终身的。有研究表明，儿童时期具有的情绪调节能力是他们以后生活中能否成功、是否快乐的最好预示。

处在不良环境中、常具有消极情绪的同学，身高常比同龄人矮。情绪积极而外露的同学更能吸引同伴，而不善于情绪表达的同学，人际交往状况常常不理想，有的甚至由于不适当的情绪表现而遭到同学的排斥（如生气就打人）。喜怒哀乐都能适度表现的同学更容易成为一个外向乐观的人；不管大事小事经常哭闹的同学更容易形成脾气暴躁且脆弱的个性；而喜怒哀乐都藏在心里的同学更容易形成内向、自我封闭、忧郁的个性。

《礼记》上说“心宽体胖”，意思就是情绪畅快时，人会愈来愈胖，而且愈来愈健康。如果有同学跟你说“你最近怎么面黄肌瘦”，也可能意味着你最近常常情绪低落，茶不思，饭不想，导致脸色愈来愈差，甚至身体健康出现状况。这就是心理学上所说的“心身症”，也就是心理上生病。例如，过度焦虑、情绪不安或不快乐，都会导致生理上的疾病。另外，一个人常常有负面或消极的情绪产生时，如愤怒、紧张，人体内分泌也会受到影响，从而导致内分泌不正常，甚至形成生理上的疾病。由此可见，时常面带微笑，保持愉快心情，并以乐观态度面对人生，有助于增进身心健康。

一个人的人际关系取决于他的情绪表达是否恰当。倘若常在同学面前任由负面情绪决堤，丝毫不加控制，如乱发脾气，久而久之，其他同学会视你为难以相处之人，甚至将你列为拒绝往来户。反之，若常面带微笑、多赞美同学，以亲切态度与同学和谐相处，人际关系自然会逐渐改善，从此你也变得不寂寞、孤独，而且处处有同学相伴，共度学习时光。

“笑一笑，十年少；愁一愁，白了头。”这句话形象生动地说明了情绪与健康的关系。既然情绪与健康有着如此密切的关系，那么，我们应该怎样正确认识自己的情绪变化、怎样把握自己的情绪变化呢？我们应该怎样合理地宣泄与调控自己的情绪，才能培养和保持乐观的心态、追求高雅、有情趣的生活呢？

如何调节和控制自己的情绪

结合我多年的咨询和教学经验，参考国内外的相关资料，总结了以下一些调节情绪常用的方法，不妨一试，在适当的时候会对你有所帮助。

1. 转移注意

转移注意就是把注意力从引起不良情绪的事情转移到其他事情上，这样就可以使人从消极情绪中解脱出来，从而激发积极、愉快的情绪反应。转移注意可以通过改变注意的焦点来达到目的。当自己情绪不好时，可以做一些自己平时感兴趣的事。通过散步、游戏、打球、下棋、听音乐、看电影、读报纸等正当而有意义的活动，使自己从消极情绪中解脱。另外，还可以转移话题或回忆让自己感到高兴、幸福的事，使消极情绪转移到积极情绪上去。转移注意还可以通过改变环境来达到目的。当自己情绪不理想时，到室外走一走，到风景优美的环境中玩一玩，都能使人精神振奋、忘却烦恼。把自己困在屋里，不仅不利于消除不良情绪，而且可能加重不良情绪对你的危害。即便不走出去，如果能够改变一下自己所处的环境，也可以使消极情绪得到缓解。例如，收拾一下房间，改变一下格局，点缀一些花草，都不失为一种好办法。转移注意的方法看起来是一种消极的调节方法，但会收到良好的效果，更适合于比较容易排解的情绪。那么，对待一些难以排解的情绪应该怎么解决呢？

2. 合理宣泄

人在生活中难免会产生各种不良情绪，如果不采取适当的方法加以宣泄和调节，对身心都将产生消极影响。因此，如果遇到不如意、不愉快的事情，可以通过做运动、读小说、听音乐、看电影、找朋友谈心诉说来宣泄自己不愉快的情绪，也可以大哭一场。这种发泄可以释放内心的积郁，对于人的身心健康是有利的。当然，发泄的对象、地点、场合和方法要适当，避免伤害他人。推荐以下四种合理宣泄情绪的方式。

（1）哭——男儿有泪也须弹

哭是自我心理保护的一种措施，它可以释放不良情绪产生的负能量，调节机体的平衡，促进新陈代谢。哭是消除紧张、烦恼、痛苦的好方法。许多人哭一场过后，痛苦、悲伤的心情就会变好许多。从医学角度来讲，短时间内的痛哭是释放不良情绪的好方法，是心理保健的有效措施。因为人在情绪激动时流出的泪会产生高浓度的蛋白质，它可以减轻乃至消除人的压抑情绪。但要注意不能时间过长痛哭或遇事就哭，那样反而会加重不良情绪。

（2）喊——空气是你最理想的出气筒

当受到不良情绪困扰时，不妨痛快地喊一回。通过急促、强烈、无拘无束的喊叫，将内心的积郁发泄出来，也是一种方法。它可以使人的心理达到平衡，有助于培养自信心。

（3）诉——朋友是你最好的心理医生

“一份快乐，两个人分享，就变成了两份快乐；一份痛苦，两个人承担，就变成了半份痛苦。”把不愉快的事情隐藏在心中，会增加心理负担。找人倾诉烦恼，诉说衷肠，不仅可以使自己的心情感到舒畅，而且还能得到别人的安慰、开导以及找到解决问题的方法。倾诉是心理调节中使用最广泛、最有效的方法。将自己的委屈坦率地说出来，能使自己慢慢地感到踏实，帮助你消除可能形成的压力，但要注意选择适当的对象，切忌不顾对象、场合，因为这样反而会增加压力。

（4）动——让烦恼随汗水永远地流走

当一个人情绪低落时，往往不爱动，越不动注意力就越不易转移，情绪就越低落，容易形成恶性循环。因此可以通过跑步、急走等剧烈活动改变不良情绪。大家知道，从事体育活动不仅能使人的身体得到锻炼、增强体质，而且还能使人的情绪得到改善，摆脱不良情绪困扰。体育运动的形式是多种多样的，中学生应根据自己的爱好和客观条件，选择那些方便易行而又行之有效的运动形式，并长期坚持下去。

需要特别指出的是，发泄的方法不同于放纵自己的感情，不同于任性和胡闹。如果不分时间、场合、地点而随意发泄，既不会调控好不良的情绪，还会造成不良的后果。

3. 学会幽默

幽默的作用有两种。一是生活的调味剂。幽默感强的人，可以通过调侃自己，减轻心理上的挫折感，求得内心的安宁。二是精神的消毒剂。以幽默的态度应对现实，往往可以使本来紧张的情绪变得比较轻松，使一个窘迫的场面在笑语中消逝。

我们知道，具有幽默感的人常常能用一种轻松愉快的态度来对待生活和事物，所以他们常能保持愉快的心境。许多令人烦恼和厌恶的事物，如果能用幽默的办法对付，往往可使不快的情绪荡然无存，立刻变得轻松起来。曾任美国总统的林肯不仅知识渊博、思维敏捷，还是一位幽默大师。在一次演讲中，曾有人递上一张纸条骂他是“笨蛋”。他看看纸条，继续演讲，待演讲结束后他说，本总统收到许多匿名信，但今天收到的非常特别，往日的匿名信是只有内容没有署名，而今天的是只有署名没有内容。他的幽默风趣不仅使自己保持轻松愉快的情绪，同时又是对对方的有力还击。因此，同学们平时可以准备一些幽默笑话集、漫画书、喜剧电影等，在心情烦闷时，可以通过看漫画或喜剧表演、讲笑话、自我解嘲等具体措施，驱散心头的不快。同学们更要注意培养自己的幽默感，用寓意深长的语言、表情或动作，以及讽刺的手法机智、巧妙地表达自己的情绪。

4. 主动控制情绪

调控情绪最好的方法是学会自我调控。自我控制情绪的方法很多，这里只给大家介绍以下几种。

（1）自我暗示

自我暗示是运用内部语言或书面语言的形式来自我调节情绪的方法，也就是说，自己在内心与自己对话。语言暗示对人的心理乃至行为都有着奇妙的作用。当不良情绪要爆发或心中感到十分压抑的时候，我们可以通过语言的暗示作用来调整和放松心理上的紧张，使不良情绪得到缓解。当你将要发怒时，可以反复地暗示自己“不要发怒，发怒有害无益”；当你陷入忧愁时，可以暗示自己“忧愁没有用，无济于事，还是振作起来吧”。进考场后，暗示自己“不要紧张”“我一定能考好”，来保持自己的情绪稳定。林则徐为了调控自己的情绪，写了“制怒”的条幅在屋中悬挂，以此告诫自己。不少中学生的床头上贴着“三思而后行”等条幅，就是针对自己的弱点，采取用书面语言提醒自己的办法。

（2）自我激励

所谓自我激励，就是要鼓励自己无论在多么艰苦的环境下，都要始终保持一种积极进取的心态，激励自己不断向前迈进。这是用理智调控情绪的一种方式，是一种精神动力，也是保持心理健康的一种方法。人在消极的情绪中，通过名言、警句进行自我激励，能够有效地调控情绪。时下，中学生都喜欢在自己的房间里或笔记本里写下一些名人名言，来作为自己的座右铭，时刻激励自己，或者经常拜读一些名人传记，从中获得鼓舞，进而增强自己战胜困难的勇气和信心。像张海迪——无数年轻人所崇拜的身残志坚的典范，在她人生奋斗的历程中，她所承受的痛苦与压力是常人难以忍受的，而当困难压顶的时候，她总是用保尔·柯察金、吴运铎等的英雄事迹激励自己，去战胜病残，坚强地生活下去。

（3）心理换位

心理换位，就是打破思维的定势，站在别人的角度上思考问题。这样，充当别人的角色，来体会别人的心态与思想，就会增加相互间的理解与沟通，防止一些不良情绪的产生。例如，当你与同学发生了争执时，不妨站在对方的立场想一想，“如果我是对方，会是什么感受？”这就是角色互换。将心比心情总真。学习和生活中的许多误解、对别人苛刻的要求、和同学的小矛盾都是由于我们只考虑到了自己的感受，稍有不顺便觉得自己委屈无比，而没有考虑到别人也许正在承受着更大的痛苦。当你因一点小事对同学耿耿于怀时，请站在对方的角度想一想，这样做值得吗？当你怒火中烧，想对同学大发脾气时，应当想一想：如果我是对方会怎么想？体验一下对方的情感，也许你的苛责、愤怒很快就能平息下来。

（4）学会升华

当一个人的欲望和行为不能直接表现出来、不能被社会所允许，或是遭受严惩挫折，为了避免心理创伤而暂时压抑一下自己的欲求和痛苦，继而把心理导向崇高的境界，这就是心理升华。简单来讲，就是把消极的情绪与头脑中的闪光点相联系，把不良情绪转化为积极有益的行动。升华是一种高水平的发泄，能将情绪激起的能量引导到对人、对己、对社会都有利的方向。历史上，司马迁受刑后作《史记》堪称心理升华的佳话。塞万提斯在早年不幸的基础上写出了《堂吉诃德》；歌德在失恋的基础上写出了《少年维特之烦恼》，这些都是利用心理升华调节情绪的典型事例。

5. 顺其自然

不良情绪会使人产生厌倦和懒惰的行为，越是懒于动手做事，心态就越难调节。既来之，则安之。排遣郁闷心境的最有效方式就是让自己“动”起来，让自己“痛”并学习着、工作着。所以，同学们不妨列出一个日程表，将近期要做的大事小事安排妥当，按照正常的生物钟规律认真去做日程表中的事情，每当成功地完成一项，心里就会踏实许多，心情自然也会好很多。顺其自然，为所当为，始终坚信“我是最棒的”，那些不良情绪就会自然而然地消失。

6. 笑口常开

人在心情愉快时，可有多种表现形式，但最常见的表现形式就是笑。心情愉快的人不一定都会笑，但欢心地开怀大笑的人必定心情愉快。笑能抒发健康的情绪，使你从已经感到快乐的事情中，引起更为快乐的情绪。因此，中学生朋友们，请你学会笑口常开，开怀地笑、会心地笑、放声地笑，使自己的生活充满笑声。

“人有悲欢离合，月有阴晴圆缺。”确实，人生不如意的事常有之，历史上和现实中没有几件事是圆满的。为几件学校或家中不顺的事就悲观、情绪低落，甚至厌世，显然是不合适的。实际生活中哪会有十全十美的事呢？

起伏波动的情绪使人生绚丽多彩，然而，我们时时刻刻都得管理好自己的情绪。尤其是闲暇时，我们更应该调节好我们的心情。无论是养花弄草、读书写字、看电视，还是参加活动、与朋友相聚，目的都是使自己心情愉快。要记住：生活永远不会像我们情绪低落时感觉到的那样糟。当你觉察到自己的情绪不好时，要学会用简单的方法去排解掉它，告诫自己不要去理睬它。你要学会自我安慰：“面包会有的，一切都会有的。”

的确，做情绪的主人说起来容易做起来难，但情绪是自己身上的东西，如果连自己都不愿意战胜它、掌握它，那岂不是太可惜了吗？人生是一幅五彩的油画，情绪是那绚丽多彩的调色板。希望同学们能调节好各种情绪，把自己的人生点缀得五彩缤纷，给自己增加无穷的乐趣，而不是任其胡乱地涂鸦。

学做情绪的主人，把健康掌握在自己手中，这也是生命中不可缺少的一种追求。让我们把握好自己的情绪吧，因为痛苦和烦恼只是一时的，快乐会与我们相伴一生！

试试吧，调节好自己的情绪，喜怒有常，喜怒有度，你能行的！

趣味心理测试

你的情绪是否稳定

指导语：情绪是身心健康的重要标志。一个人的情绪是否稳定反映了他的身心健康状况。以下是一个情绪稳定性测试，每题均有三种答案，请你从中选出与自己的实际情况最接近的一种答案。

1. 看到自己最近一次拍摄的照片，你感觉如何？（　　）

A. 不称心　　B. 很好　　C. 还可以

2. 你是否想到若干年后会有什么使自己极为不安的事？（　　）

A. 经常　　B. 从不　　C. 偶尔

3. 你是否被朋友、同事或同学起过绰号、挖苦过？（　　）

A. 经常　　B. 从不　　C. 偶尔

4. 你上床以后，是否会再起来一次，看看门窗是否关好、炉子是否封好等？（　　）

A. 经常　　B. 从不　　C. 偶尔

5. 你对与你关系最密切的人是否满意？（　　）

A. 不满意　　B. 非常满意　　C. 基本满意

6. 半夜的时候，你是否经常觉得有值得害怕的事？ （ ）

A. 经常 B. 从不 C. 偶尔

7. 你是否经常因梦见什么可怕的事而惊醒？ （ ）

A. 经常 B. 从不 C. 偶尔

8. 你是否曾经有多次做同一个梦的情况？ （ ）

A. 有 B. 没有 C. 不清楚

9. 有没有一种食物使你吃后呕吐？ （ ）

A. 有 B. 没有 C. 不清楚

10. 除去看见的世界外，你心里有没有另外的世界？ （ ）

A. 有 B. 没有 C. 不清楚

11. 你心里是否觉得你不是现在的父母所生？ （ ）

A. 经常 B. 从不 C. 偶尔

12. 你是否曾经觉得有一个人爱你或尊重你？ （ ）

A. 不清楚 B. 否 C. 是

13. 你是否觉得你的家庭对你不好，但是你又确知他们的确对你好？ （ ）

A. 经常 B. 从不 C. 偶尔

14. 你是否觉得没有人十分了解你？ （ ）

A. 是 B. 否 C. 不清楚

15. 你在早晨起来的时候最常有的感觉是什么？ （ ）

A. 忧郁 B. 快乐 C. 不清楚

16. 每到秋天你常有的感觉是什么？ （ ）

A. 秋雨霏霏或枯叶遍地 B. 秋高气爽或艳阳天 C. 不清楚

17. 你在高处的时候，是否觉得站不稳？（　　）

A. 经常　　B. 从不　　C. 偶尔

18. 你平时是否觉得自己很强健？（　　）

A. 否　　B. 是　　C. 不清楚

19. 你是否一回家就把房门关上？（　　）

A. 是　　B. 否　　C. 不清楚

20. 你坐在小房间里把门关上后，是否觉得心里不安？（　　）

A. 经常　　B. 从不　　C. 偶尔

21. 当一件事需要你做决定时，你是否觉得很难？（　　）

A. 经常　　B. 从不　　C. 偶尔

22. 你是否用抛硬币、翻纸牌、抽签之类的游戏来测凶吉？（　　）

A. 经常　　B. 从不　　C. 偶尔

23. 你是否会因为碰到东西而跌倒？（　　）

A. 经常　　B. 从不　　C. 偶尔

24. 你是否需要一个多小时才能入睡，或醒得比你希望的早一个小时？（　　）

A. 经常　　B. 从不　　C. 偶尔

25. 你是否曾看到、听到或感觉到别人觉察不到的东西？（　　）

A. 经常　　B. 从不　　C. 偶尔

26. 你是否觉得自己有超乎常人的能力？（　　）

A. 是　　B. 否　　C. 不清楚

27. 你是否曾经因觉得有人跟着你走而心里不安？（　　）

A. 是　　B. 否　　C. 不清楚

28. 你是否觉得有人在注意你的言行? ( )

A. 是 B. 否 C. 不清楚

29. 当你一个人走夜路时，是否觉得前面暗藏着危险? ( )

A. 经常 B. 从不 C. 偶尔

30. 你对别人自杀有什么想法? ( )

A. 可以理解 B. 不可思议 C. 不清楚

评分

以上各题的答案，选 A 得 2 分，选 B 得 0 分，选 C 得 1 分。请将你的得分统计一下，算出总分。

你的总分为：______________。

解释

0 ～ 20 分：你的情绪稳定，自信心强。

21 ～ 40 分：你的情绪基本稳定，但较为深沉、冷静。

41 分及以上：你的情绪极不稳定，日常烦恼太多。

真情寄语

生活好比一面镜子，你对它笑，它也对你笑；你对它哭，它也对你哭。

二、丢掉坏心情

在同学们的学习、生活中，往往会遇到这样的情况：被老师批评后，你会懊悔许久；考试失利，你会变得沉默寡言，但却因为一些琐事火冒三丈；平时看似很冷静的你，学习、生活中遇到了意想不到的事情发生，变得头脑发蒙、手忙脚乱、不知所措……

有坏心情参与的学习和生活就像放错了调味品一样，难吃，也难看。发怒时，我们伤害同学甚至伤害自己；焦虑时，我们手足无措；悲伤时，我们对什么都提不起兴趣……更重要的是，这些不良的情绪还会影响我们的身心健康。

在我们的学习和生活中，大概任何一位同学都会产生这样或那样的不良情绪。每一位同学在日常生活中恐怕都难免会受到各种坏心情的刺激和伤害。但是，善于控制和调节情绪的同学，能够在坏心情产生时，及时消释它、克服它，从而最大限度地减轻坏心情的刺激和伤害，还给心灵一片晴朗的天空。也就是说，这些同学积极地选择了快乐！那么，我们如何才能使自己的坏心情及早消除呢？

第一，从改善身边环境开始。把自己的小房间打扫干净，让房间变成真正的“家”。房间干净了，心情好了，为什么要独自享受呢？在父母同意的情况下，把同学请来玩吧，大家一起动手做点好吃的，不会花很多钱，哪怕几个同学只是聊聊天也好啊。笑声中的那个下午的阳光一定温暖到每个人的心里。

第二，给自己挑一盏与众不同的小台灯，买一些自己喜欢的书放在旁边。晚上是最容易让人伤感的时候，如果一个人独自在家的时间比较多，那么书就是寂寞者最好的朋友，有书做伴，心情也许会好一些。

第三，有选择性地在自己的小屋里看看大片、听听音乐，自娱自乐一番也是蛮自在的。

此外，除了以上方法，你还可以写日记，自我开导、安慰；也可以找人倾诉，寻求他人的慰藉；你还可以痛哭一场，大吼一声，放声高唱，跑步、打球或洗澡……但是任何发泄方式都应注意场合和分寸，要以不影响、妨碍或损害别人的利益为前提。

同学们，给自己一个好的心态吧！学习过后，多运动、多交友；春天来了踏青，冬天来了看雪……总之不要把自己搞得紧张疲惫。情趣多，爱好广，视野宽，热情高……这些都是改变坏心情的好方法。

平凡的生活中，一抹微笑就是一道阳光。当我们在晚上反思白天的得与失、面临的困惑和以往的种种不尽如人意的时候，或许我们最应当问自己的一句话就是“今天你笑了没有”。我相信，我们的每一位同学都能根据自己的实际，结合老师介绍的方法，调整好自己的心情，拥抱阳光。

趣味心理测试

中学生情商测试

指导语：情绪智力是复杂的。不过，如果你想对自己的情商状况有一个大概的了解，下面这个小测验会对你有所帮助。请估计同学、老师和家长对你下列每一项特征的评价如何。请尽量诚实地回答下列问题，每题均有四个选项：A. 非常赞同；B. 比较赞同；C. 差不多；D. 不同意。请选择最符合你情况的选项写在题后的括号中。

1. 我通常能保持镇定、乐观、冷静的态度，即便在紧要关头也是如此。（　　）
2. 我能在压力下保持清晰的思维，集中精力处理手头的工作。（　　）
3. 我能承认自己的错误。（　　）
4. 我通常或总是能履行承诺或遵守诺言。（　　）
5. 我能实现自己的目标。（　　）
6. 我在学习中条理井然、小心仔细。（　　）
7. 我经常能从各种广泛的来源中获得新思想。（　　）
8. 我擅长出新主意。（　　）
9. 我能顺利地处理多方面的要求。（　　）
10. 我注重结果，有实现自己目标的强大干劲。（　　）

11. 我喜欢制定具有挑战性的目标，并愿意为实现这些目标冒成败参半的风险。(　　)

12. 我总设法学习如何提高自己的成绩，包括向同学、老师请教。(　　)

13. 我随时准备为实现一个重要的集体目标而做出牺牲。(　　)

14. 集体的任务是我理解并能支持的事情。(　　)

15. 我所在的班级的价值影响我的决定和我所做的选择。(　　)

16. 我积极寻找机会促进班级总目标的实现，并争取其他人的帮助。(　　)

17. 我追求比我当前所要求的或所期望的要高的目标。(　　)

18. 障碍和挫折会使我耽搁一阵子，但它们阻止不了我前进。(　　)

19. 避开繁文缛节和修改过时的规则有时是必要的。(　　)

20. 我追求新观点，即使那意味着尝试全新的事情。(　　)

21. 在学习时我能抑制住冲动或沮丧的情绪。(　　)

22. 当情况发生变化时我能够迅速改变策略。(　　)

23. 获得新的信息是我减少不确定性和把功课做得更好的最佳途径。(　　)

24. 我通常不把挫折归因于个人（自己或他人）的缺点。(　　)

25. 我怀着期望成功而不是害怕失败的情绪做事。(　　)

评分

选A计4分，选B计3分，选C计2分，选D计1分。各题得分相加，即是你的总分。

你的总分为：______________。

解释

如果总分低于70分，意味着你在情绪智力方面有待提高。不过，即使你的总分偏低也不要失望，因为情商并不是一成不变、不能提高的。

真情寄语

你要是心情愉快，健康就会常在；你要是心境开朗，眼前就是一片明亮；你要是经常知足，就会感到幸福；你要是不计较名利，就会感到一切如意。

三、阳光总在风雨后

近代才子梁启超在《论毅力》一文中写道："盖人生历程，大抵逆境居十六七，顺境亦居十三四，而顺逆两境又常相间以迭乘……其事愈大者，其遇挫愈多，其不退也愈难，非至强之人，未有能善于其终者也。"

人生有风和日丽，也有阴雨连绵，有顺利和成功，也有挫折与失败。每个人都有许多愿望，为了实现它们，会做种种努力。但有时阻碍和压力会迫使我们不得不停止努力，这就是遇到了挫折。所谓挫折，指日常生活中的挫败、失意，在心理学上是指个体在从事有目的的活动时遇到障碍、干扰，致使个人动机不能实现、个人的需要不能满足而引发的一种消极的心理状态。挫折感是一种普遍存在的心理现象，同学们无论在生活还是在学习方面都会遇到许许多多不同的挫折。当然，遇到的挫折最主要还是表现在学习和情感两个方面。学习方面主要包括考试没考好、成绩下降，受到老师和家长的批评和责备；情感方面主要是向自己喜欢的异性表示好感，却遭受拒绝和婉言谢绝，以及恋爱后不欢而散，等。

同学们的挫折承受力不仅与性格、气质有关，也与抱负、经历、意志等相关。比如，同样是遭到诽谤，外向的人可能暴跳如雷，骂人发牢骚，以求心理平衡；内向的人则可能流泪叹息，用读书等其他活动转移自己的注意力以求忘却。怀有远大抱负和有过艰难经历的人对一般的挫折会泰然处之；思想境界高的人，也许会把挫折看成一次考验机会；意志坚强者的抗挫折能力大大强于意志薄弱者。一般说来，偶尔遭受意料之中的、较轻的挫折，在某种意义上讲是件好事。因为它能使人吸取教训，增长知识和才干，获得解决问题的能力，锻炼意志品质，提高对挫折的承受力。而对于意料之外的重大挫折和接踵而来的多个挫折，如果一个人的心理素质差和抗挫折力较低，就会加重精神上的压力和痛苦，处理不当会对其身心健康有较大的消极影响。

中学时代是同学们身心发展的重要阶段。在这个阶段中，你们渴望表现自己，特别愿意在同学之间和集体中展现自我，显示自己的聪明才智，以获取别人的信任和喜欢。有一些同学失败后就不敢面对，对功课渐渐没有兴趣，老觉得自己愚笨，不如他人。有的功课好的同学，求胜心过于强烈，对自己的要求特别高，事事都要得第一，一旦失败就不断责怪自己。此外，升学压力大、功课多、考试多、同学之间的竞争越来越激烈，也会使许多同学失去信心。更为严重的是，不少同学因为承受不了来自各方面的压力和挫折，自杀、出走，甚至做出违法违纪的事情。那么，同学们应如何正确地面对挫折、培养自己承受挫折的能力呢？

挫折是普遍的和客观存在的

人的一生，有一帆风顺的时候，也有连遭挫折的境遇。“万事如意”“心想事成”“事事幸运”只不过是人们一些美好的愿望而已。人生不如意事常八九。自然界没有不凋谢的花，人世间没有无挫折的路，社会上的万事万物无不在曲折中前行。在社会生活中，人们总会有各种需要得不到满足，或遇到天灾人祸的打击而受到挫折。挫折是普遍存在的，是不可避免的，有些挫折也是人所无能为力改变的，如台风、地震、生老病死等。

挫折帮助你成长

人的成长过程是适应社会要求的过程，如果适应得好，就觉得宽心、和谐；如果不适应，就觉得别扭、失意，而适应就要学会调整自己的动机、追求和行为。一个人出生时，根本不知道什么是对、什么是错，正是通过鼓励、制止、允许、反对、奖励、处罚、引导、劝说，甚至身体上的体罚与限制才学得举止及行为的适应和得当，学会在不同环境、不同时间、不同对象、不同规范条件下调整行为。反之，从小无法无天的孩子，一旦独立生活常会被淹没在矛盾和挫折之中。

我国力学、桥梁工程专家李国豪院士，在“文革”期间身居“隔离室”，没纸张，没资料。报纸的白边、中缝成了他演算的天地，妻子的发夹、孩子的乒乓球网成了他的实验工具。在这样恶劣的环境里，他顶住各方面的压力终于写出了专著《桁梁扭转理论——桁梁桥的扭转、稳定和振动》，填补了一项世界桥梁建筑学上的空白。

挫折孕育着成功

“天将降大任于是人也，必先苦其心志，劳其筋骨，饿其体肤，空乏其身，行拂乱其所为，所以动心忍性，曾益其所不能。”郭沫若曾说过：“艰难的环境一般是会使人沉沦下去，但是，在具有坚强意志、积极进取的人面前，却可以发挥相反的作用，环境越是困难，越能抖擞精神，发奋努力，困难就被克服了，就会有出色的成就。”这就是所谓“艰难困苦，玉汝于成”。挫折并不可怕，生活中的挫折和磨难，给人以打击，给人带来悲伤和痛苦，但也能使人奋起、成熟，变得坚强起来，孕育着成功！“人的生命似洪水在奔腾，不遇着岛屿和暗礁，难以激起美丽的浪花。”春秋时期的越王勾践，被吴国打败后一度成为吴王的奴仆，勾践并不就此认命，而是卧薪尝胆，终于他率众如愿以偿地打败了吴国……正如贝弗里奇所说的：“人们最出色的工作，往往是处在逆境的情况下做出的。”因此，不要惧怕挫折，事实告诉我们：只要你吸取教训，不被困难吓倒，就能重整旗鼓，在新的起跑线上搏击，去夺取新的胜利！

挫折增强你的意志力

青春年少的同学们由于自我控制、自我监督能力不够成熟，在学习、生活中可能会虎头蛇尾，缺乏坚持到底的精神。实际上，生活中许多轻度挫折是意志力的“运动场”，当你大汗淋漓地跑完全程、克服了学习和生活中的挫折，就会获得愉快的体验。心理学中把适度的挫折称为人成长中的“精神补品”。因为在成长中，每战胜一次挫折，就强化一次自身的力量，为下一次应付挫折提供了“精神力量”，坚强的意志力也就在这一次又一次的锤炼中培养出来了。

应对挫折的技巧与方法

1. 学会冷静地对待挫折

有道是“人间没有不凋谢的花，世上没有不曲折的路”。同学们应该冷静地对待挫折，不应把挫折看作是一种打击，而要把它看成是对自己的一次考验、一个磨砺的机会，同时，还应看到在挫折的后边，正是自己苦苦追求的目标。不少同学看问题，往往只看到一个方面，看不到另一方面，在他们看来，要么成功，要么失败。事实上，事情的结局并不这么简单，介于失败和成功之间还有许多别的情况，如果在失败之中看到其中孕育着胜利的可能，从而像胜利者那样，信心十足，充满干劲，事情就有可能发生转化。“如果你拒绝了失败，实际上你也拒绝了成功。”谁能够冷静地看待挫折，谁就能顺利地经受挫折的考验，最终获得成功。因此，同学们要冷静地对待挫折，把挫折看作是前进道路上必经的关口，从而增强自己心理的韧性，同时应善于调整努力的目标，扬长避短，努力发挥自己的优点和长处。

2. 面对现实，客观地对待自己

面对现实，正视挫折，认真分析挫折产生的主客观原因，正确对待挫折，这样不仅可以避免挫折，而且还可以磨炼自己的意志。“人贵有自知之明。”同学们要对自己有一个正确、全面、客观的认识，自己有哪些优点、缺点，有哪些成功的经验和失败的教训，应当心中有数，既不夸大，也不缩小，实事求是地去接受现实，及时地摆脱挫折感，排除一切干扰自己心智的因素，以主动、积极、乐观、向上的态度对待所发生的一切。罗曼·罗兰说得好：“每个人心中都应有两盏灯，一盏是希望的灯，一盏是勇气的灯。有了这两盏灯，我们就不怕海上的黑暗和风涛的险恶了。”可见，面对挫折，我们应该大胆地正视它、面对它。

3. 树立自信心

自信心是一种强大的内部动力，能激励人在对事物和现状具有一定认识的基础上，坚持不懈地运用自己的智慧完成任务，追求既定目标，实现自己的理想。因此，同学们在遇到挫折的时候，不妨对自己说“我一定能做好”“我一定会成功的”“我很能干”“继续努力”等，相信自己一定能做好。另外，同学的榜样力量也是无穷的，在我们怕自己不行而退却的时候可以说：“别怕，我可以的，××× 都能做，我也一样能做好。”或者说“相信我会跟 ××× 一样勇敢的”。在这种榜样的力量下，相信同学们会变得越来越有信心、越来越勇敢，不断增添战胜困难的自信心。

4. 学会幽默

“幽默”和“自嘲”是宣泄积郁、平衡心态、制造快乐的良方。当你遭受挫折时，不妨采用阿 Q 的精神胜利法，如“吃亏是福”“失财免灾”“有

失有得”等来调节一下你失衡的心理；或者“难得糊涂”，冷静地看待挫折，用幽默的方法调整心态。只有学会幽默，人生才能生趣盎然，才能使我们在学习和生活中少些阴霾，多些阳光和欢乐！

5. 学会转移注意力

遭受挫折后，一般人都会感觉度日如年，这时，要适当安排一些健康的娱乐活动，如走出户外去呼吸大自然新鲜的空气；也可以通过自己喜爱的集邮、写作、书法、美术、音乐、舞蹈、体育锻炼等方式，使情绪得以调适，情感得以升华；还可以读一些在挫折中奋进的名人故事，以感悟其力量。丰富多彩的闲暇活动可以转移挫折、扩大思路，使内心产生一种向上的激情从而增强自信心。

6. 寻求帮助

遇到挫折和难以自我解决的问题时，学会倾诉和寻求帮助，是一种使情感得以宣泄和使痛苦得以分担的过程。想分散挫折的压力，就不要把痛苦闷在心里，应当主动向老师、同学或亲友倾诉，争取别人的谅解、同情与帮助，这样可以减轻挫折感，增强克服挫折的信心。所以，我们要不断增强自己的心理免疫力，使自己健康快乐地走好人生的每一步。

人生难免会遇到挫折，没有经历过失败的人生不是完整的人生。没有河床的冲刷，便没有钻石的璀璨；没有挫折的考验，也便没有不屈的人格。正因为有挫折，才有勇士与懦夫之分。巴尔扎克说：“挫折和不幸，是天才的晋身之阶、信徒的洗礼之水、能人的无价之宝、弱者的无底深渊。”“真的猛士，则可以操纵自我心智，跨越道道障碍，打破重重险阻，奋力前行！”在人生的道路上，只有那些勇于面对挫折、不畏艰难、凭坚强的毅力拼搏的人，才能有希望走向成功，才能创造出更加美好的明天！

人生犹如一条河，河道有宽也有窄，河水有涨也有落。我们航行在河上，一路不可能总是风平浪静，大风暴雨、惊涛骇浪是难免的。虽然我们的掌舵技术还不高超，但也要拼一拼、搏一搏。面对一次次的失败，就应该一次次“擦干泪，再出发”。霍奇斯曾说：“失败往往是黎明前的黑暗，继之而出现的就是成功的朝霞。”当你冲破“黑暗”，看到“朝霞”；当你走完一路的坎坎坷坷，到达胜利的终点时，蓦然回首，你会发觉自己的心变得如此坚强，生命如此充实，这难道不是挫折对我们的磨炼吗？

同学们，有了蚌壳毕生心血的磨砺，才有珍珠的光彩夺目；有了蝶蛹漫长的孕育，才有蝴蝶飞舞花间的婀娜。不经历风雨，怎么见彩虹？

最后，将汪国真的《热爱生命》与同学们共勉。

我不去想
是否能够成功
既然选择了远方
便只顾风雨兼程

我不去想
能否赢得爱情

既然钟情于玫瑰
就勇敢地吐露真诚

我不去想
身后会不会袭来寒风冷雨
既然目标是地平线
留给世界的只能是背影

我不去想
未来是平坦还是泥泞
只要热爱生命
一切，都在意料之中

趣味心理测试

你应对挫折的能力强吗

指导语：下面是一个有关你应对挫折能力的量表，一共有14道题目。请你认真做出最适合你的选择。

1. 在过去的一年中，你自认为遭受挫折的次数是　（　）

A.3次以下　B.3～5次　C.5次以上

2. 每次遇到挫折，你　（　）

A. 大部分能解决

B. 有一部分能解决

C. 大部分解决不了

3. 你对自己的才华和能力的自信程度如何？　（　）

A. 十分自信　B. 比较自信　C. 不太自信

4. 你对问题经常采用的方法是　（　）

A. 知难而进　B. 找人帮助　C. 放弃目标

5. 有非常令人担心的事时，你 （ ）

A. 学习照样不误 B. 介于A与C之间 C. 无法学习

6. 碰到讨厌的对手，你 （ ）

A. 应付自如 B. 介于A与C之间 C. 无法应付

7. 面临考试失败，你 （ ）

A. 使失败转化为成功 B. 介于A与C之间 C. 破罐破摔

8. 学习或工作进展不快时，你 （ ）

A. 冷静地想办法 B. 介于A与C之间 C. 焦躁万分

9. 碰到难题时，你 （ ）

A. 为解决问题而动脑筋 B. 介于A与C之间 C. 失去自信

10. 学习中感到疲劳时，你 （ ）

A. 休息一段时间，就忘了疲劳

B. 介于A与C之间

C. 总是想着疲劳，脑子不好使了

11. 学习条件恶劣时，你 （ ）

A. 能克服困难学习 B. 介于A与C之间 C. 无法学习

12. 产生自卑感时，你 （ ）

A. 立即振奋精神去学习 B. 介于A与C之间 C. 不想再学习了

13. 老师给了你很难完成的任务时，你会 （ ）

A. 千方百计干好 B. 介于A与C之间 C. 顶回去了事

14. 困难落到自己头上时，你 （ ）

A. 认为是个锻炼 B. 介于A与C之间 C. 厌恶之极

评分

选 A 计 2 分，选 B 计 1 分，选 C 计 0 分。

你的总分为：______________。

解释

19 分及以上：你的抗挫折能力很强。

9 ～ 18 分：你虽有一定的抗挫折能力，但对某些挫折的抵抗力薄弱。

0 ～ 8 分：你的抗挫折能力很弱。

真情寄语

宝剑锋从磨砺出，梅花香自苦寒来。

四、心　声*

谨以此文献给所有在早恋的边缘徘徊或已经坠入情网的同龄人，聊以鼓励和慰藉那在早恋的星空下奔驰的爱情先驱，使他们不再困惑，不惮于前驱，因为，他们所面对的压力实在太大了。最后，祝愿他们的前程无比光明和灿烂，愿他们能够幸福美好。

16 岁，正值花季，一群刚刚摆脱稚气的纯真少年男女，怀里兜着一颗颗悸动的心，暗地里难免会牵挂着梦想属于自己的他（她）。当两颗心互相连到一起时，只需要双方有一点点风吹草动（有所表示），不需要雨水（物质）的浇灌，爱情也会发芽，早恋也就因此产生、由此开始。也许，以后的日子将从此阳光灿烂，两颗原本默契的心会变得更加紧密。爱，就是那么简单。也许，接踵而至的不是阳光，而是暴风雨，在那些风雨交加的日子里，曾经悸动的心渐渐平息、憔悴，情人最后难免会沦为朋友，或者连朋友也做不成。爱，其实也很难。但是，无论如何，早恋是美

* 学生作业选登。本文选自作者讲授的心理课的课后作业，反映了中学生对部分典型心理困扰的感受和看法，选入本书，供大家讨论。

丽的，一种令人一旦陷入其中就难以自拔的美丽。就如玫瑰一般，虽然带着刺，但却芬芳四溢、娇美动人、令人陶醉。更是有人云，如果学生时代不谈一两次恋爱，简直就是一种遗憾，人生的一大遗憾。

然而，在现在这种社会环境下，早恋对于我们这些所谓的好学生、乖孩子来说，简直无异于虎口拔牙。在家长老师的眼皮子底下，想早恋是吧，那就请你做好了以下准备再去恋吧！

第一，在学校，平时没事少喝开水，须知班主任随时有可能会请你到他办公室里去小坐片刻，茶水自然是免不了的了。

第二，每逢回家时要记住多穿几件“防弹背心”，最好是附加头盔的那种，接着就准备在父母的嘴皮子底下迎接“枪林弹雨”的考验吧。如果这时候你挂掉了，那也没关系，还有下一招。

第三，当你实在顶不住家长和学校的压力时，那就改行当个地下工作者吧，由“明恋”改为“暗恋”，惹不起，还躲不起吗？至少爱情还可以相濡以沫地延续下去。等到翅膀长硬的那一天，再比翼双飞吧。

不过，话又说回来，大人们阻止我们早恋，其实也是出于为我们着想，让我们集中精力、一心一意地学习，将来能有出息。敢问，这世界上有几个人不知道“爱情的力量是伟大的”这句话？如果相爱的两个人能够在学习上互相鼓励和帮助，最后成为一对无忧鸳鸯又何尝不可能？老师和家长又为什么要苦苦相逼，百般阻挠？他们借口说我们还不成熟，对感情这种事情把握不住分寸。试问，如果我们不亲身经历、切身体验，何以成熟？不许我们在感情的世界中闯荡一番，又如何让我们明白爱情为何物？他们只是按照他们的思维办事，而忽略了我们的感受。他们恋爱不会耽搁工作，我们恋爱为什么就一定会对学习产生负面影响？我们渴望表达自己内心的感情。

一位年迈的长者在回忆自己一生的收获时，喃喃地说："我青年的时候，为了自己的理想，为了富贵的前程，耗尽了全部的心血，到头来，富贵和荣耀只不过是虚梦一场，反而背下了一笔笔感情的债。"这经历沧海的感叹，发人深省。

现如今多少少年，年轻气盛，只争朝夕，立下高远目标，为之拼搏，义无反顾。然而，当他们攀缘在陡峭的山崖上时，却淡忘了山下守望着他们的那份感情、那份热爱。在山麓中期待他们的、爱着他们的人，是多么希望攀登者能回首给一个微笑。但是，倔强的他们不愿意，生怕这短暂的一瞥会使自己止步不前，甚至跌回山底。爱在他们眼里被视为负担。

面对爱情，他们彷徨，担惊受怕，这一切可能是因为他们不自信，不相信自己有能力去爱，或者说是被老师和父母的威胁与警告给吓着了。

在这以前，在家长和老师的教育下，我也曾相信中学生时代禁止恋爱是不容置疑的。但是现在，我开始怀疑了。因为这样的观点太片面了，在这种思想枷锁的压迫下，我们有时候觉得自己实在是撑得太累了。我希望老师和父母对早恋的态度会有所改变。对于早恋，他们更应该做的是适当地监督和正确地引导，而不是一味否定、彻底封杀。

不想再多说，兄弟们、姐妹们，如果此刻你听到了爱情的脚步声，那就请你勇敢地去将爱点燃吧。不要等到那份爱离你而去的时候，再去对他（她）低吟那首沉痛伤感的诗；曾经有一份很珍贵的感情摆在我面前，可惜，我没有好好地去珍惜……须知，我们所面对的是现实的生活，不是在拍电影。正如那句歌词："有些人一旦错过就不再。"

趣味心理测试

恋爱矛盾心理测评

指导语：请对下列各题做出“是”或“不确定”或“否”的选择。选“是”画“√”，选“否”画“×”，选“不确定”画“○”。

1. 恋人之间的许多争执是可以避免的。（　　）
2. 一些原则上的问题应该弄个水落石出。（　　）
3. 双方为一些鸡毛蒜皮的小事争吵肯定会影响彼此的感情。（　　）
4. 人如其面，各不相同，恋人之间有时也难免会误会。（　　）
5. 不能乱怀疑对方做了什么亏心事。（　　）
6. 对方无意中说的一句伤人的话不能老是放在心里。（　　）
7. 应该以宽容之心待人，也包括恋人。（　　）
8. 恋人之间要常常交流思想，交换意见。（　　）
9. 有什么事，双方最好坦诚挑明。（　　）
10. 在外面受了气，不能把无名火发在恋人身上。（　　）

11. 一吵架，我就先指责对方的过错。 (　　)

12. 千万不能为了对方而改变自己。 (　　)

13. 对方做了我看不惯的事，我就批评他。 (　　)

14. 恋人之间想说什么就说什么，无须考虑太多。 (　　)

15. 我总是得理不让人。 (　　)

16. 我常说“你这个人糟透了”“我看透了你”之类的话。 (　　)

17. 我相信“不是东风压倒西风，就是西风压倒东风”这句话。 (　　)

18. 争吵之后，我绝对不先和对方说话。 (　　)

19. 争吵过程中，我喜欢动手。 (　　)

20. 我一激动起来就很难自控。 (　　)

21. 我总认为都是他的错。 (　　)

22. 我喜欢向长辈告状。 (　　)

23. 我越来越觉得对方不如以前讨人喜欢了。 (　　)

24. 我从不认输。 (　　)

25. 我喜欢向别人诉说我和恋人之间的一切。 (　　)

评分

在 1～10 题中，画“√”计 2 分，画“○”计 1 分，画“×”计 0 分。在 11～25 题中，画“√”计 0 分，画“○”计 1 分，画“×”计 2 分。各题得分相加，统计总分。

你的总分为：＿＿＿＿＿＿＿＿。

解释

0～16分：你非常不善于处理和恋人之间的争执。你常把小事扩大化，喜欢挑起争执，最终以彼此伤害结束。

17～33分：你比较会处理恋人之间的争执，但须继续努力。

34～50分：你非常善于处理恋人之间的争执。你比较宽容大度、明事理，能有你这样的人做恋人是非常不错的。

真情寄语

如果你真的深爱一个人，那么就算换了时空、变了容颜，你也能从千百万人中认出那个熟悉的灵魂，然后再次地爱上他。

第三章

人际交往

一、竞争·合作·双赢

——谈同学间的竞争与合作

你见过草原上万马嘶鸣、扬鬃飞驰的壮景吗？你见过猛兽为争夺食物、捍卫领地而厮杀的场面吗？这就是所谓的物竞天择——自然界的残酷竞争。

人类社会也存在着竞争。虽然人类社会的竞争表现形式与自然界的竞争表现形式有所不同，但是，无论从竞争的激烈程度还是竞争发生的频度和广度来看，人类社会的竞争一点也不亚于自然界的竞争。特别是在当今这个发展迅速的年代，激烈的竞争已经无处不在。

同样，校园里也存在着竞争，而且由于各方面条件、因素的影响，同学与同学之间的差距是客观存在的。如何看待这些差距、如何理解同学之间的竞争，反映了同学们的道德、心理、修养和素质。接受并欣赏同伴的进步和成功，不仅有助于维护自身的健康，也是融洽同学关系、增进同学感情之所需。随着社会的发展，竞争的压力将加剧，从小学会正确对待他人、欣赏他人，不仅有益于你们的学习和生活，还有益于你们日后漫长的人生旅程。因此，我们必须正确理解竞争，并处理好竞争与合作的关系，实现双赢。

理解竞争的目的

竞争，在同学们的学习中是不可避免要遇到的。部分同学，特别是优秀生，在工作上、学习上往往会展开激烈的明争暗斗。这些竞争，有的会促进同学们共同进步，有的则会导致同学们之间的钩心斗角。不良竞争既不利于团结，又不利于身心健康发展。因此，同学们必须正确对待竞争，开展良性竞争。

一般而言，良性竞争的目的是促进发展，包括知识、能力的提高以及自强、自信心理的形成。要达到这个目的，除了自身勤奋努力外，还应该包括合作与互助。在竞争中采取贬低对手、拔高自己的做法是不可取的。因此，同学们必须明白，竞争是为了提高，为了在争取胜利中实现自身的价值，实现人生各个阶段的目标。同学们必须着眼于未来，以锻炼、提高自己的各项能力为目的，以发展、张扬自身的个性为出发点。自强不息的奋斗精神和健全、完善的人格才是真正值得追求的。

自身的勤奋努力是获得成功的首要条件。同学们要学会正确地对待竞争对手，应与之精诚合作、携手共进，要“战”得精神焕发，“胜”得光明磊落。同学们不应该只把眼光放在近处，如果只一味地计较眼前的得失，就免不了急功近利；如果剑走偏锋，采取一些不正当的手段来达到个人目的，这就失去了竞争的积极意义。

树立正确的竞争观念

首先，竞争需要理性。竞争只是学习的手段，不是最终结局；竞争不是出风头，不是争强好胜，必须在自己的努力下，通过公平较量，获得竞争成果。竞争能给人带来机遇和挑战，面对机遇要把握，面对挑战要有勇气，失败了要重新再来，胜利了要再接再厉。

其次，竞争需要自信。如果自己拥有了自信，就不会畏惧对手，就会勇往直前。因此，在任何时候都要坚定自己的信念，暗示自己：我行！我行！我能行！我一定能行！

最后，竞争需要自强。“千里之行，始于足下。”要想在竞争中立于不败之地，就必须拥有实力；要想拥有实力，就必须在平时夯实基础，不断完善自我。因此，同学们应根据自己的实际情况，确定适合自己的目标，自强不息，坚持不懈。

合作是竞争的保证

在竞争与合作的机制中，合作是竞争的保证。合作相当于矛盾的同一性，为竞争提供条件，促进竞争，制约竞争。合作有两方面的含义：一是提供一个能够竞争的统一体，二是双方互助、合作、学习等。因此，竞争与合作是相互促进、相互补充的关系。竞争能使人看到不足，然后借助他人力量通过合作交流求得进步，从而为再次竞争打下坚实基础，最后通过竞争求得更大的发展。与此同时，也为他人创造学习的机会。建议同学们与自己的同桌结成对子，互助互学，扬长避短，亦合作亦竞争，最终使双方都得到进步，实现双赢。

成功往往不是只靠个人的努力就能获得的，许多时候需要博采众人之长才能有所收获。“众人拾柴火焰高”就是这个道理。在此，要特别提醒那些有个人主义倾向，在学习、工作中经常“藏一手”的同学，当你遇到难题时，当你孤立无援时，当你四处碰壁时，你会有何感受？个人的力量终究有限，成功往往汇集了许多因素，同伴、朋友甚至是“对手”的帮助，有时候恰恰是迈向成功的重要条件。

同学们，上苍把你和你的对手放在了天平的两端，让你们互相验证对方生命的价值，这实际上是上苍给予你的恩赐。因为上苍为你树立了一个对手，同时也给了你挑战和超越的机会。所以，我们既不要回避对手，也不必暗中较劲，而是要承认竞争，接受挑战，善于合作，取他人之长，补己之短，最终实现彼此的双赢。

最后，祝大家学习进步！

竞争
合作
双赢

趣味心理测试

你喜欢竞争吗

指导语：请仔细阅读以下24个题目，并如实作答。每一道题都有5个答案可供选择：A. 完全不像我；B. 不太像我；C. 无所谓像不像我；D. 很像我；E. 完全像我。请把答案添入题后的括号中。

1. 我喜欢和大家一起学习，因为可以互相帮助。（　　）

2. 看到别人骑好车，我会非常羡慕，想买辆比别人的更好的车。（　　）

3. 我总想比同学穿戴得更好。（　　）

4. 老朋友比我成功，会激励我更加努力。（　　）

5. 我并不拿自己和别人相比来衡量是不是成功。（　　）

6. 我家的运动器材和家用电器都是顶尖超群的。（　　）

7. 有人问我问题时，即使不懂我也会装懂。（　　）

8. 运动竞技只是好玩，输赢我并不在意。（　　）

9. 在参加比赛时，我喜欢个人项目，不喜欢团体项目，因为无法确定我的队友表现如何。（　　）

10. 我常梦想和比我强的人互换角色。（　　）

11. 对于我了解的事，我最讨厌有人不懂装懂、在我面前班门弄斧。 （ ）

12. 我宁可表现平平，也不愿牺牲太多的时间去引人瞩目。 （ ）

13. 我最得意的是，有个吸引众多同学的异性和我关系非同寻常。 （ ）

14. 我最讨厌听人说："凡事不必太竞争，因为人总有所长、有所短。" （ ）

15. 我认为比我成功的人很少事事都很优越，所以没有什么好比的。 （ ）

16. 如果能受到特别的肯定，成为一个工作狂是值得的。 （ ）

17. 即使周遭的人都想表现，我也觉得只要做好称职的事就令人满意了。 （ ）

18. 当事情变得越来越棘手时，我认为应该退后一步，考虑是否值得争强好胜。 （ ）

19. 我喜欢起步时不顺，但最后超越那些跑在前头的人。 （ ）

20. 如果不可能获胜，我就放弃、不参与。 （ ）

21. 人生中有太多比争强好胜更重要的事。 （ ）

22. 为了引人注目，我会自愿做一些别人不考虑的事。 （ ）

23. 我认为不把别人踩在脚下也可以往前迈进。 （ ）

24. 当我独处时，我喜欢以一些小事测试自己（如体能、学习效率等）。 （ ）

评分

计算总分时，1、5、8、12、15、17、18、21、23题如果你的答案是"A"计"5分"；"B"计"4分"；"C"计"3分"；"D"计"2分"；"E"计"1分"。其余各题"A"计"1分"；"B"计"2分"；"C"计"3分"；"D"计"4分"；"E"计"5分"。参照下面的分析来解释你的得分。

你的总分为：____________。

解释

0～51分：说明你进取心不强，并强烈地害怕成功，这种害怕和伴随而来的焦虑，很可能就是你不愿参与竞争的原因。要完全了解竞争性如此低落的原因并不容易，有时可能是情绪上缺乏安全感造成的。得分低的人会觉得，要在成功的大道上迈开大步实在很困难。

52～70分：说明你曾经想避免竞争。得分落在此组的人觉得没有必要辛苦地在竞争中奔跑。另外，得分低的人在商业场合中也比较容易有罪恶感，他们希望别人喜欢他们胜于自己去求胜获取成功。

71～86分：说明你不会事事争强好胜，通常视情况而决定是否参与竞争。虽然不是无所不争，但若有足够成功的果实，就会增加你的竞争性。得分落在这一组的人很容易受“报酬”“奖赏”影响，只要有足够的报酬，他们不但会参加竞争，而且希望表现优异。

87～97分：说明你开放、引人注目、上进心强、知识丰富、有见地，属于成功导向的人。你通常有正面的自我形象，愿意承担风险，对获得成功有坚定的信心。对你而言，竞争是一种生活态度，本身就是一种有意思的挑战。得分高者在迈向成功的竞赛中有很大的优势。

98分及以上：说明你通常是为竞争而竞争，而且几乎无所不争。对你而言，竞争的过程比为何竞争和赢得胜利更重要。这类人通常是好斗士，而且成功几乎是手到擒来。但是，把世界视为战场却很危险，他们只有战友和敌人，没有朋友和同伴。

真情寄语

“如果你不能战胜对手，就加入到他们中间去。”现代竞争，不再是“你死我活”，而是更高层次的竞争与合作，现代企业追求的不再是“单赢”，而是“双赢”和“多赢”。

二、老师，让我走近你

老师，一个平凡的岗位，既不官位显赫，也不腰缠万贯。可是，是老师，这个担负着塑造人类灵魂责任的社会阶层，塑造了我们的灵魂。我们都知道，是老师把我们领进了知识的殿堂，为我们开启了心灵的另一扇门，同时教会我们如何去做人，做一个堂堂正正的人。在我们成长的过程中，老师就像母亲一般，倾听我们的心声，替我们排忧解难。

在小学的时候，我们几乎都把老师当成偶像，认为老师是世界上最有学问、最值得尊敬的人。到了中学，随着自我独立意识的增强，我们渐渐学会了评价老师，对老师不再是盲目地喜欢和崇拜了。其实，同学们对老师的评价有些是正确的，有些却不一定妥当。但无论我们怎样看待和评价老师，有一点却必须要牢记，那就是：老师是我们的领路人，我们的健康成长与老师的辛勤教导是分不开的。

现实中，我们都有这样的体会：你与哪位老师关系比较好，你就喜欢上哪门课，哪门课的成绩就比较好；如果与哪位老师关系不和谐，就会殃及那门课。由此我们不难发现，和老师建立融洽的关系是非常重要的。融洽的师生关系，孕育着巨大的教育“亲和力”，《礼记·学记》中说的“安其学而亲其师，乐其友而信其道”就是这个道理。那么，我们应该怎样与老师和睦相处、友好往来呢？

尊重老师，尊重老师的劳动

第一，尊重老师、尊重老师的劳动首先表现在对老师有礼貌，见面主动热情地打招呼，课前把讲台擦干净，课间擦好黑板。第二，在认识上和感情上去理解老师、体贴老师，不能简单地认为老师是为了某种功利目的来从事教书育人的工作，记住“那块黑板擦去的是功利，写上的是真理”。老师在夜深人静的时候，还在备课、批改作业，学生全部酣然入梦的时候仍在查寝。第三，就是上课不迟到，不睡觉，不发短信，不看闲书，不和同学聊天；课后不顶嘴，不骂老师，也不在老师背后给他们起外号；上课认真听讲，积极思考，以进取的心态、严谨的风格，参与活动或完成学习任务；有创新意识，对老师的教学提出建议。这些都表示同学们对老师的尊重。第四，尽自己的努力搞好成绩也就是对老师最好的尊重。

理解老师，宽容老师的缺点

“金无足赤，人无完人。”老师也不例外，因为老师和我们一样，都是普普通通的人，也有自己的七情六欲，有自己的优点和缺点。可是，有的同学只看到老师的缺点，说老师太严厉了，对学生没有好脸色；说老师太偏心了，就向着成绩好的学生；或者认为老师太主观臆断，不调查清楚事实就乱批评人；等。这些同学对老师有了意见又不愿意与老师沟通，怎么办呢？就用一些不妥当的行为来发泄，如当众顶撞老师，上课故意捣乱，在公众场合写脏话骂老师，给老师起绰号，等。这样做的结果必然会造成师生之间出现矛盾、关系紧张，其最终结果是影响自己的学习和身心健康。因此，我们在看待任何人的时候，都不能只看他的缺点，而忽略他的优点，对待老师也是如此。

勤学好问，虚心向老师求教

你也许会经常说，“那个老师并不怎么样”“他的水平太低了”。仔细想想，老师的年龄、学问、阅历在某种水平上是高于同学们的，所以，要向老师虚心求教、勤学好问。好问不仅直接使学习受益，还会加深和老师的交流，无形中就拉近了与老师的距离。每个老师都喜欢肯动脑筋的学生，其实，向老师请教问题往往是师生间交往的第一步。除了班主任外，任课老师并没有太多时间和同学们直接交往，常向老师请教学习上的问题会加深师生彼此的了解和感情。

直接接触，多与老师交流

有的同学总觉得老师高不可攀，很少与老师交流。其实老师是从心底里喜欢与同学们一起交谈、一起讨论的，只是因为学生太多或者任务太重，而没有时间主动地和同学们交往。因此，学生要主动地去和老师交流，这样你就容易把握老师真实的想法和思路，有助于自己的课堂学习。另外，和老师关系密切，还可以增加你的信心，增强学习的动力。

主动表现，引起老师的注意

有的同学总是抱怨老师偏心，对学习成绩好的同学特别厚爱。其实，这都应该问问自己是怎么做的。上课时，你积极发言了吗？你集中精力认真听讲了吗？你主动回答老师的提问了吗？你在课下主动找老师谈心了吗？如果你的回答都是否定的话，那就难怪老师不注意你了。请记住卡耐基的一句话：“现代社会里，没有人有耐心发现你，除非你表现你自己。”

犯了错误，主动承认并改正

有的同学，明明知道自己错了，受到批评，即使心里服气，嘴上也死不认错，与老师的关系搞得很僵。有的同学则相反，受过老师一次批评心里就特别怕那个老师，认为他对自己有成见。这些都是没有必要的。错了就是错了，主动向老师承认，改正了就是好学生。老师不会因为你有一次没有完成作业，或有一次违反了纪律就认为你是坏学生，就会对你有成见。请同学们相信老师是会全面、客观地评价大家的。

加强学习，掌握交往的技巧

人际交往是一门科学，也是一门艺术，要想加强与老师的交往，还必须掌握一定的交往技巧。首先，要了解老师的个性，选择适当的交往对象。不同的老师拥有不同的个性，因此，最好在了解的基础上选择那些具有良好心理品质并在个性上与自己特点相似或互补的老师作为交往对象。否则，自己的热情可能会得不到相应的回报。其次，必须掌握交往时机。有的同学有事没事地总爱往老师办公室跑，而且一待就是大半天。诸如此类行为会打乱老师的作息安排，这就难怪老师对你没有热情了。因此，与老师交往时要善于掌握交往时机，若须较长时间接触，最好能提前预约。再次，要讲究交往方式的多样化。面谈是学生与老师交往的主要方式，但不是唯一方式，有时若能采取其他方式可能会得到出乎意料的效果，如和老师一起打球、散步或在作业中夹一张纸条、发个电子邮件等。最后，还须明白交往是双方的。因此，不能只想着从老师那里获得教诲，也应努力为老师提供一些新奇的或有益的信息，使师生在交往中共同发展和提高，实现双赢。

同学们，让我们走近老师，用我们的爱去回报老师对我们的爱！相信只要我们都付出真心，理解老师，体谅老师，一定能和老师和睦相处，建立起和谐、亲密的师生关系，发展情真意切的师生友谊！

最后，让我们唱着宋祖英的《长大后我就成了你》一起前行吧！

小时候，我以为你很美丽
领着一群小鸟飞来飞去
小时候，我以为你很神气

说上一句话来惊天动地
长大后，我就成了你
才知道那间教室
放飞的是希望，守巢的总是你
长大后，我就成了你
才知道那块黑板
写下的是真理，擦去的是功利
小时候，我以为你很神秘
让所有的难题成了乐趣
小时候，我以为你很有力
你总喜欢把我们高高举起
长大后，我就成了你
才知道那支粉笔
画出的是彩虹，洒下的是泪滴
长大后，我就成了你
才知道那个讲台
举起的是别人，奉献的是自己
长大后，我就成了你
我就成了你

趣味心理测试

你与老师相处有困扰吗

指导语：本测试共有18个陈述句项目。请仔细阅读每个项目，并对照自己的实际情况，做出“是”与“否”的判断。

1. 你经常不能明白老师的讲解。 是○ 否○
2. 某位老师对你感到讨厌或者你讨厌某位老师。 是○ 否○
3. 老师常以纪律压制你。 是○ 否○
4. 老师上课不能吸引你。 是○ 否○
5. 老师不了解你的忧虑与不安。 是○ 否○
6. 你的意见常被老师不加考虑地否定掉。 是○ 否○
7. 老师把考试成绩的高低作为衡量学生优劣与奖惩学生的唯一尺度。 是○ 否○
8. 你找不到一位能倾诉内心隐秘的老师。 是○ 否○
9. 老师常体罚或变相体罚你。 是○ 否○
10. 老师常给你增加学习负担。 是○ 否○
11. 某位老师对你有点冷漠。 是○ 否○

12. 你的思想常被老师支配。　是〇　否〇

13. 你在学习上的创造性见解常得不到老师的肯定。　是〇　否〇

14. 老师常让你感到紧张与不安。　是〇　否〇

15. 老师常因误解你的行为而训斥你。　是〇　否〇

16. 老师无法帮助你改进学习方法。　是〇　否〇

17. 老师很少与你倾心交谈。　是〇　否〇

18. 你常屈服于老师的命令与权威。　是〇　否〇

评分

计　分　表

Ⅰ	题目	1	4	7	10	13	16	小计
	分数							
Ⅱ	题目	2	5	8	11	14	17	小计
	分数							
Ⅲ	题目	3	6	9	12	15	18	小计
	分数							
评分标准		选“是”的给 1 分，选“否”的给 -1 分。 总分：________						

解释

总分为 8 ～ 18 分，表明困扰程度严重或较严重。

总分为 -8 ～ 7 分，表明困扰程度中等。

总分为 -18 ～ -9 分，表明困扰程度较轻或很轻微。

计分表“Ⅰ”横栏上的小计分数，表明在教学过程中师生关系的困扰程度：

4 ～ 6 分，程度严重或较严重。

-3 ～ 3 分，程度中等。

-6 ～ -4 分，程度较轻。

记分表“Ⅱ”横栏上的小计分数，表明师生在情感距离上的困扰程度：

3 ～ 6 分，程度严重或较严重。

-3 ～ 2 分，程度中等。

-6 ～ -4 分，程度较轻。

记分表“Ⅲ”横栏上的小计分数，表明师生之间的地位关系的困扰程度：

3 ～ 6 分，程度严重或较严重。

-3 ～ 2 分，程度中等。

-6 ～ -4 分，程度较轻。

真情寄语

多一分理解，多一分关爱，你的每一寸进步，老师都会为你真心地喝彩；你的每一步奋斗，老师都充满了真诚的期望！

三、父母，永远的朋友

我听过这样一个故事：一个地方爆发泥石流，埋没了村庄，吞噬了生命，但搜救人员意外发现有个小孩子的脑袋露在泥浆上面，在施救过程中才知道孩子的下面是孩子的母亲，是她用高举的双手把儿子托到上面，使儿子避免了被泥石流埋没的危险，搜救人员个个都被舍身救子的母亲感动得泪流满面。但随着施救工作的继续展开，人们更是唏嘘不已，原来孩子的母亲下面还有孩子的父亲，母亲双脚踩着父亲的双肩。哦！原来为了儿子的逃生，夫妻俩在死神降临之刻，毅然一起用身体筑起了让儿子获得第二次生命的人梯。这是一幅定格的画面，是蕴含着人世间最真挚、最无私的感情的乐章。我为之感动，我为之流泪，仿佛听到了面临死亡时夫妻俩坚定的宣言：为了儿子的明天，没有什么可犹豫，哪怕是牺牲自己的生命。“可怜天下父母心”，这句无数次被重复过的话，曾感动了无数的人，但大千世界，世人是否都能真正地理解？！

平时，我常听到同学们对父母的抱怨：“爸爸根本不明白我，还要常常管着我！”“我和妈妈很难好好沟通，说不到两句话就会吵架！”“妈妈不说话还好，若她说话我便会觉得很烦！”然而，我也经常听到父母们的诉苦：“哎，孩子长大了，翅膀长硬了，我们的话总是被当作耳边风。苦口婆心地劝说，他们置之不理就算了，有时反倒讥讽我们老了，跟不上时代了。他们总不能理解我们的苦心。”

或许，我们大多数同学都会有这样的苦恼：一方面，自己觉得无法得到父母的理解与支持；另一方面，父母又抱怨我们不听话。为什么会出现这样的矛盾呢？关键就在于同学们缺乏与父母的交流和沟通。

影响与父母沟通的因素

1. 心理发展的因素

进入中学以后，随着同学们成人感和独立意识的不断增强，同学们开始用自己的眼光观察和看待周围的事物，不愿意原封不动地接受父母的意见、观点，不愿意和父母讨论与自己有关的事情，对父母的批评和劝导往往报以抵触情绪等，从而影响了与父母的沟通。

2. 生活经历的差异

同学们与自己父母在生活经历、家庭观念、思维方式和行为习惯等方面存在差异。这些差异，往往导致两代人在评价问题的标准、解决问题的方式等方面产生分歧，从而妨碍他们的沟通。

与父母沟通的原则

血浓于水，父母是我们最亲的人，希望同学们以后能与父母真诚地沟通。沟通是双方的，我们要相互理解、换位思考，这样家庭会更和谐。做一个会沟通的人，使自己与别人相处得更和谐。因此，在与父母的沟通过程中，掌握一定的原则就显得相当重要了。

1. 选择父母心情好的时候沟通

当一个人情绪不好的时候，你跟他说什么，他都没有心思听，即便勉强听进去了也很难有好的心情回应你。所以，当有重要事情需要跟父母沟通时，最好选择在轻松、愉悦的氛围中进行，你将有意想不到的收获。

2. 多从父母的角度考虑问题

有的同学本能的想法就是“我需要什么”，而没有想到父母需要什么，所有很多时候没能从对方角度考虑问题。比如，你希望买一台 5G 智能手机，父母则希望你提高学习成绩。你说，我要买 5G 智能手机，学习累了需要调节身心状态。父母则说，你现在学习成绩不理想，再玩手机学习成绩不就更差了？最后，你和父母可能都无法达成自己的目标。但是如果你能站在父母的角度想问题，并主动跟父母说：“我这个学期的期末考试，保证每门科目都及格，并让自己的某些强势科目在 90 分以上！”爸爸妈妈就会非常开心。接下来你再说：“假如我每科都进步了，你们是不是应该给我物质奖励啊？”父母可能就会问：“你想要什么奖励？”你立马回答：“5G智能手机！”你梦寐以求的愿望很可能就实现了。

3. 获得父母的信任

在日常的学习和生活中，同学们要主动表现出符合中学生日常行为规范的言行举止，这有助于你获取父母的信任。取得父母的信任后，你在与父母交流时就会更容易说到一起去，避免产生争执和矛盾。你的很多想法就更能得到父母的尊重和理解，这也有助于双方的良性互动。

4. 寻找恰当的“第三者”

有些事情，可以借第三者对父母转述你的问题，也许是爷爷、奶奶，或者是舅舅、阿姨等。总之，是一位与你父母关系好、谈得来的人，他的转述，可以加上劝说，常常可以打破沟通的僵局。

与父母沟通的方法与技巧

法国大文豪莫泊桑说：“没有两个人的鼻子是完全相同的。”他强调每一个人、每一事物都各有特征，孪生兄弟也必有不同之处。同样，世界上没有两个人有完全相同的想法，或对一件事有完全相同的做法，必定是“大同”“大异”“同中有异，异中有同”，亲子之间、夫妻之间、兄弟之间，对一件事的想法与做法，不会完全相同，也不会完全相反，必然是徘徊在

代沟
沟
通

“异”“同”之间，这就为“沟通”留下了“空间”。那么，我们应怎样做才能与父母友好地沟通、和谐地相处呢？

1. 了解父母、关心父母

平时，同学们要多与父母沟通，让父母知道你的想法。在沟通的过程中，要多观察、多倾听，注意沟通的方式，尊重父母。同时，还要学会换位思考，体会父母的爱子心情，用温和、委婉的语气表明自己的想法，从而更好地解决问题。

2. 尊重父母、理解父母

同学们在与父母交谈时要注意自己说话的语气和分寸，要尊重父母的个性，尊重父母对自己提出的意见和建议。这是对父母最基本的尊重。理解父母，首先要明白天下父母都爱自己的子女，对子女“唠叨”正是对子女疼爱的表现，子女要体谅他们方式上的不当；其次要理解父母也有烦恼，也需要倾诉和得到安慰。

3. 创造机会、主动交流

每周至少跟父母一起做一件事，如做饭、打球、逛街、看电视，边做事情边交流。放学回家主动与父母谈谈学校的事情，关于老师、同学，以及校园里的新鲜事……同时，天气好的时候，只要学习不太忙，和爸妈散散步、聊聊天，那会是父母最开心的时刻。高兴的事、烦心的事，和父母说说，听听他们的意见。

4. 主动道歉、善于体谅

如果你做得不对，不要逃避，更不要沉默不理。主动道歉，往往会得到父母的理解。可能错不在你，你有很大的委屈，但先不要去争辩。也许是因为父母过于劳累或工作生活中遇到麻烦，当时心情不好，换个时间和地点，再与父母沟通，会有意想不到的效果。

5. 控制情绪、认真倾听

与父母沟通不良时，不随意发脾气、顶嘴，避免不小心说出伤害父母的话或做出伤害父母的事。想动怒时，可以深呼吸，或者离开一会儿，或用凉水先洗把脸。当被父母批评或责骂时，不要着急反驳，试着听听父母的想法、需求、担忧及压力。

6. 经常做事、承担责任

安排固定的时间协助父母做点家务，尽力做好自己的事，努力读书学习，在节日或父母的生日时表达心意，如送礼物给父母或一同外出联络感情。在做好自己事情的同时，主动分担家庭的一些责任，如洗碗、擦窗、打扫卫生和倒垃圾等，趁机还可以和老爸、老妈聊聊天。

7. 讨论问题、达成协议

学会遇事多与父母讨论，并就如何行动达成协议。这样会让许多事情变得简单起来。比如，家里买了电脑，父母担心你因沉迷于游戏或上网而荒废学业，如果能将学习的时间与玩电脑的时间保持平衡并讨论达成协议，问题和分歧便能较好地解决。

父母真的不易，要好好理解他们，孝敬他们。相信在这样的思想基础上，会让我们与家长的沟通变得更容易！

同学们！有一种爱很容易被我们忽略，你知道是什么爱吗？那就是父母的爱！因为它是那么平常和长久，平常就容易被人忽略，太久就不容易被人察觉。虽然古今中外歌颂父母的诗歌或歌曲等数不胜数，大家和我一样对父母的爱也是那么深切，但我在这儿还是要和大家说，我一生中最最爱的人就是父亲和母亲！！

衷心希望每一位同学都能与自己的父母友好相处，成为永远的朋友！

趣味心理测试

子女与父母沟通状况诊断量表

指导语：下面这个测验是用来测量两代人意见沟通情形的一个量表。这些测验题没有绝对的对或错，每道题有三个选项，可按照你现在的心情进行选择。

1. 父母是否常等到你把话说完后，他们才插嘴？（　　）

A. 是　　B. 介于 A 与 C 之间　　C. 否

2. 你们家里的人是否常在一起活动？（　　）

A. 是　　B. 介于 A 与 C 之间　　C. 否

3. 你们家里的人是否常在一起讨论事情？（　　）

A. 是　　B. 介于 A 与 C 之间　　C. 否

4. 父母是否尊重你的意见？（　　）

A. 是　　B. 介于 A 与 C 之间　　C. 否

5. 父母是否常教训你、对你讲大道理？（　　）

A. 是　　B. 介于 A 与 C 之间　　C. 否

6. 你常和父母谈论自己的私人问题吗？（ ）

A. 经常 B. 介于A与C之间 C. 从不

7. 父母总是把你当成小孩子吗？（ ）

A. 经常 B. 介于A与C之间 C. 从不

8. 父母对你的活动和兴趣是否感兴趣？（ ）

A. 很感兴趣 B. 介于A与C之间 C. 从不感兴趣

9. 父母和你谈论过你的生理变化等问题吗？（ ）

A. 经常 B. 介于A与C之间 C. 从不

10. 父母信任你吗？（ ）

A. 信任 B. 介于A与C之间 C. 从来不信任

11. 你喜欢将家中的事情告诉别人吗？（ ）

A. 告诉 B. 介于A与C之间 C. 从不告诉

12. 父母对你的能力有信心吗？（ ）

A. 有 B. 介于A与C之间 C. 没有

13. 你即使不同意父母的意见，也不敢说出来吗？（ ）

A. 经常 B. 介于A与C之间 C. 从不

14. 你有了问题也不去问父母，是因为你知道他们一定会回绝你吗？（ ）

A. 是 B. 介于A与C之间 C. 否

15. 他们采用你的观点看问题吗？（ ）

A. 经常 B. 介于A与C之间 C. 从不

16. 父母在对有关你的事情上下决心时，考虑你的意见吗？（ ）

A. 经常 B. 介于A与C之间 C. 从不

17. 当你失意伤心时，父母总是设法使你快乐起来吗？（　　）

A. 经常　　B. 介于 A 与 C 之间　　C. 从不

18. 当父母禁止你做一件事时，是否对你解释理由？（　　）

A. 经常　　B. 介于 A 与 C 之间　　C. 从不

19. 父母在与你有关的事情上做决定后，你问不问他们理由？（　　）

A. 肯定问　　B. 介于 A 与 C 之间　　C. 从来不问

20. 为了使父母了解你，你主动向父母谈自己的想法及感受吗？（　　）

A. 经常　　B. 介于 A 与 C 之间　　C. 从不

评分

在 1、2、3、4、6、8、9、10、11、12、15、16、17、18、19、20 题上选 A 的计 2 分，选 B 的计 1 分，选 C 的计 0 分；在 5、7、13、14 题上选 A 的计 0 分，选 B 的计 1 分，选 C 的计 2 分；满分为 40 分。

你的总分为：______________。

解释

分数越高，说明你与父母的沟通状况越好，反之，说明你与父母的沟通状况越差。

真情寄语

世间爹妈情最真，泪血溶入儿女身。殚竭心力终为子，可怜天下父母心！

四、我看中学生异性“来往过密”

那晚自习
我问一道题
你不出声，头垂低低
柔顺的短发遮耳际
留给我一团谜……

正如歌德所说：“天下哪个倜傥少男不善钟情？天下哪个妙龄少女不善怀春？”中学生个体正处于性机能从不成熟到成熟的阶段，其发展变化非常迅速。随着生理在激素作用下的急剧变化，产生了性心理适应，即与性生理、性行为有关的心理问题，当然也包括与异性交往的心理问题。这个时期，生理机能的成长速度远远超过心理发展的速度。随着第二性征、性器官和性机能迅速发育，中学生朋友开始意识到两性在生理、行为和社会角色方面的差异，产生了一些特殊的情感体验，于是进入心理学上所讲的异性期，即个体开始对异性感兴趣，并产生思慕情感。在这个特殊的年龄段里，男女同学之间容易互相产生好感和爱慕，出现向往、接近、眷恋异性交往的渴求，如喜欢一起学习，结伴参加各种社会活动，等。有的中学生朋友自我陶醉地迷恋偶像明星，有的中学生朋友在日记中倾诉自己对身边某个异性的爱慕之情，都是这种心理的表现形式。中学生朋友热衷异性交往是成长中正常的心理现象。由此而出现的中学生异性“来往过密”则是中学生朋友成长中的问题，有必然的一面，也有有问题的一面。问题是“来往”的“度”的高与低、是否“过密”，没有先进与落后的区别。不少家长和老师们常常“谈恋色变”，害怕“来往过密”会影响孩子的学习，但也许这种恐慌比早到的情感本身更有害。因为，产生感情是正常的，但要让正常的东西躲躲藏藏，问题可能就来了。这样的例子常有报道。例如：

2001年某月某日下午，福泉某中学高一某班的一位女生因被老师怀疑与男同学谈恋爱而遭老师批评并说不许她上课，她因承受不了这一压力，跳下了学校附近20米高的悬崖，结果摔成重伤。

从这一案例我们可以看出：一方面，老师在开展学生思想政治工作过程中有疏忽的地方；另一方面，中学生朋友心理承受能力比较差。所以希望从事学生思想政治工作的老师能从中吸取经验教训，多开展一些能够提高学生心理承受能力的活动，以增强学生的心理承受能力。此外，还要注意自己的言语，可能老师的一句话就导致了悲剧的发生。另外，切忌不问情由地一味指责，也不能动辄训斥谩骂、吓唬威胁（此例就是如此，假如做老师的问清情由，不威胁她，这个悲剧很可能就不会发生了），应坚持正面疏导，晓之以理，因势利导，最好通过个别心理辅导、心理咨询来帮助他们解除烦恼、摆脱困境。总之，在对待中学生异性“来往过密”这一问题上，重要的是让学生学会“游泳”和预防学生“落水”，当然挽救“落水者”也是必要的。此外，我们的中学生朋友也应做到：不管发生了什么事，切不可一意孤行，应多与好朋友和父母商量。

中学生异性“来往过密”的问题是“来往”的“度”的高与低、是否“过密”。如果“来往”的“度”恰当，即建立在同学间的友情的基础上，那么，异性交往至少存在以下几点好处。

1. 有利于情感上互相交流

一般说来，异性在情感上差异较大。首先，女生的感情比男生丰富，她们容易敏感多情；其次，女生的感情比男生深刻、细腻、含蓄；再次，女生的感情比男生更为稳固和持久，她们产生某种情绪或情感以后，往往会保持很长时间；最后，女生比男生更富有同情心。针对以上差异，有的男生更喜欢向女生吐露自己的不幸和难堪，在同情声中平静下来；有的女生更喜欢向男生诉说自己的犹豫和愁苦，在鼓励声中振奋起来……这种异性间的情感交流是微妙的，也是在同性同学身上很难得到的。

2. 有利于个性上互相丰富

处在集体中的个人，交往范围越广泛，和周围生活的联系越多样，他深入社会关系的各方面也就越深刻，自己的精神世界也就越丰富，个性发展也越全面。异性间的个性差异较大的，相互间的交往能使个体在个性发展上更全面。

3. 有利于智力上取长补短

差异心理学的研究表明，男女智力没有高低之分，却有类型不同。比如，在思维类型方面，女生的思维更多地偏向于形象思维，习惯于用形象思维去解决问题；而男生的思维则更多偏向于抽象思维，习惯于用抽象思维去解决问题。从思维创造性上看，在图形、空间关系的创造性测验中，如图形的变通、图形的独创，男生略占上风；而在图形的流畅和精确方面，男生却要稍逊一筹。不言而喻，通过交往，男女同学均可以从对方那里取长补短，从而有助于提高自己的智力活动水平和学习效率。因此，男女同学来往多一点不可怕，是正常的。不但正常，而且对学生健康成长是有益的，这是一定要肯定的。

值得注意的是如果中学生异性朋友间来往过频和过密，超越了友情，即所谓的“来往过密”，就会对中学生朋友产生消极影响。俗话说：“学生学生，以学为生。”中学生朋友的首要任务就是学习。须知，中学时代是长身体、长知识的黄金时代，也是形成世界观、奠定一生基础的关键时期。如果这时期用宝贵的时间去与异性“极其频繁”地来往，这是对青春的最大浪费。大量事实证明，中学生“来往过密”后，感情往往为对方牵制，学习少有不分心的，有的人因此耽误了学业，造成终生悔恨。显然，交往适度，有利于中学生的身心健康发展。相反，如果交往过频，则会影响中学生的身心健康发展。“来往过密”的同学往往要面对巨大的压力，怕家长发现，怕老师批评，怕同学讥笑，在内部感情和外部社会压力下，产生剧烈的心理冲突，容易导致心理障碍。同时，由于两人间的“来往过密”而减少了正常的人际交往，也会影响心理的发展、人格的完善。中学生朋友的心理处于发展阶段，尚未成熟，自我控制能力较差，容易感情用事，做出“越轨”的事情。而一旦“越轨”，对双方都不利，特别是对女同学来说，造成的身心创伤是长时期难以弥补的。由于中学生思想上尚未定型、心理上尚未成熟、经济上尚未独立，不具备感情深度发展的条件，所以更容易发生性犯罪和患精神疾病，影响健康成长。所以，希望我们的中学生朋友在遇到这方面的问题时，多注意自我控制。

谈到这里，我想起了一篇小说中有这样一段语重心长的话：“人在年轻的时候，并不一定了解自己追求的、需要的是什么，甚至别人的起哄也会促成一桩婚姻。等到你再长大一些、更成熟一些的时候，你才会明白真正需要的是什么。可那时，你已经干了许多悔恨得让你感到锥心的蠢事。”小说中母亲对自己孩子的这段肺腑之言，我在此转赠给所有情窦初开的中学生朋友。

年轻的中学生朋友们，希望你们努力学习，善于思考，尽量吸取前人的经验并将其变为自己的智慧，学会更好地观察、分析、处理人生道路上遇到的新问题。遇事采取严肃、慎重的态度。最后，祝愿中学生朋友早日走出花季的误区，集中精力学习，为将来发展自我、实现自我打下良好的基础。

趣味心理测试

早恋倾向测试量表

指导语：下面有20道题，请根据自己的实际情况，在每道题中选择一个答案。

1. 你是否突然之间变得特别爱打扮了？ 是〇 否〇
2. 你是否常常对着镜子左顾右盼？ 是〇 否〇
3. 你近期是否要求父母给你添置时髦衣服？ 是〇 否〇
4. 你最近的学习成绩是否明显下降了？ 是〇 否〇
5. 你现在写作业是否经常心不在焉？ 是〇 否〇
6. 活泼好动的你是否突然沉默了？ 是〇 否〇
7. 你近来是否无缘无故与家人生疏起来？ 是〇 否〇
8. 你近来是否常找借口往外跑？ 是〇 否〇
9. 你现在是不是爱撒谎了？ 是〇 否〇
10. 你是否回家后喜欢一个人躲在房间里？ 是〇 否〇
11. 你是否情绪起伏大，有时兴奋、有时忧郁、有时烦躁不安？ 是〇 否〇

12. 你是否经常偷看一些描写爱情的文艺作品？　是○　否○

13. 你近来是否对电影、电视中的爱情镜头特别关注？　是○　否○

14. 你近来是否喜欢打听男女之间的事，对儿女情长的事尤其感兴趣？　是○　否○

15. 你是否偷偷写东西，看到家长又急忙掩饰？　是○　否○

16. 你是否对某个异性的名字特别敏感？　是○　否○

17. 你是否常接到异性打来的电话？　是○　否○

18. 你是否经常有一些来路不明的小礼物？　是○　否○

19. 你是否偷偷买了些小礼物，不久后礼物又无影无踪？　是○　否○

20. 你是否会无意间谈起公园、溜冰场、音乐茶座等一些场所？　是○　否○

评分

选“是”记1分，选“否”记0分，各题相加即得总分。

你的总分为：______________。

解释

0～6分：你丝毫没有早恋倾向。

7～14分：你虽没有谈恋爱，但已有早恋倾向。

15～20分：你已经谈恋爱了。

真情寄语

两情若是久长时，又岂在朝朝暮暮。

五、晚风中的歌声 *

步入高二，全年级的同学按文理重新分了班，以往不相识的茗和瑾分到了一个班，而且还成了前后桌。在新的班级里，大家的热情很高，都忙着去认识新同学，更何况茗和瑾是前后桌，因而两人很快就玩熟了。而后，教室里，经常能看到他俩为一个问题争得面红耳赤；球场上，常常能看到他俩跑动的身影。他们同样地热爱自然，常会在夕阳下山、西边天空映满彩霞时，来到学校湖畔的绿柳下谈古论今，渐渐地在彼此相遇的眼光中便多了一份撩动心波的温情。

茗知道将会发生什么，但她希望那永远只是担心。可是，瑾还是许多次很委婉地向茗吐露真言。于是，茗就一直装傻，因为她觉得彼此心照不宣，一起学习、一起生活，像哥们儿一样没有任何顾虑，那样很好。

也许茗太单纯、太幼稚，她不知道在这阴霾的雨季中，无论男孩、女孩都是那么地耐不住寂寞，她更不知世事如棋。当她还沉睡于美梦中时，

---

* 学生作业选登。本文选自作者讲授的心理课的课后作业，反映了中学生对部分典型心理困扰的感受和看法，选入本书，供大家讨论。

残酷的现实却已悄悄向她走近。

那天晚上，茗照常回宿舍，可在途中她清楚地看到瑾牵着另一个女孩的手。这一幕如晴天霹雳，让茗如梦初醒。顿时，如有一把锋利的刀直刺茗的胸膛，她彷徨失措地跑回了宿舍。

那晚茗无法入睡，心如滴血，泪亦无声。她不相信瑾对她说的“你是风儿，我是沙”只是昙花一现。她不相信他曾经的誓言“真正爱你的人独自守在身边”只是如流星划破天际一般短暂。

然而，接下来的日子，她发现瑾渐渐和自己疏远了，而瑾的箱子里却渐渐多了那个女孩送的巧克力、精致的礼物和书信，她不得不相信那已成现实。

又是一个夜幕降临的晚上，群星缀满了深邃的夜空，牛郎和织女显得特别耀眼。不知为何一种冲动让茗提起了笔。

瑾：

一切都好吧，希望这封不速之信没有打搅你。

曾经有一段缘分放在我手上，我没有好好把握；曾经有一份幸福围绕在我身边，我没有好好珍惜。当它们随时间的脚步渐行渐远时，我才醒悟要去抓住，可一切已经太晚、太晚。

当看到你牵着她的手，用曾经给予过我的眼神看着她时，我的心就如刀割一样。也许是不习惯在他人面前显示自己的脆弱，我总是用笑和作为朋友应予的祝福来掩饰，殊不知伤口越掩盖越疼痛。

千百次地告诉自己应该感到高兴，因为那时那刻你是幸福的，而你的幸福是我最大的快乐。然而不知为何每天早晨起来，脸上总会留下道道泪痕。

曾经不知多少个深夜，站在窗前，仰望银河，为你朗诵舒婷的《致橡树》。畅想着爱应该在那些深沉的地方：考试前，一句鼓励的话语；节日里，一个温馨的问候；风雨里，一把无声的雨伞；生病时，一杯暖暖的开水……

然而在你的世界中，似乎我应该是小鸟依人，我们应用金钱升华感情，用物质增添关爱。可是这一切，我过去不会，至今还不会，也许今后也学不会。也许这一切从一开始就注定了你我必将南辕北辙，背道而驰；也许今生你我都会是宇宙中永不相交的平行线。

瑾，人的一生中能真正让自己心动的人不会有多少，希望你能珍惜眼前的缘分。爱，是一个永久的承诺，希望你能做一个专一的人。

最后，我想送你臧天朔的《朋友》：

朋友啊朋友，你可曾想起了我，如果你正享受幸福，请你忘记我；朋友啊朋友，你可曾记起了我，如果你正承受不幸，请你告诉我；朋友啊朋友，你可曾记起了我，如果你有新的彼岸，请你离开我……

茗

封好信，来到邮箱边，茗又犹豫了，她似乎看到微风中，泛起涟漪的湖边，一对恋人正沉浸在幸福的阳光中。她太不忍心去搅动这一温馨的画面，于是微弱的火焰中，信纸载着真情化为灰烬。斑驳的树影下，留下了她远去的背影。晚风中，飘荡着她的歌声：“我想我会一直孤单……”

趣味心理测试

你容易一见钟情吗

指导语：请对下列题目做出“是”、“不确定”或“否”的选择。

1. 你非常喜欢解字谜。 （ ）
2. 你考试前，会一心一意去复习。 （ ）
3. 你觉得有外星人存在。 （ ）
4. 你特别喜欢看爱情小说。 （ ）
5. 你做事有点冲动。 （ ）
6. 你特别欣赏你的父亲。 （ ）
7. 每逢假日，你总是出去旅游或参加团体活动。 （ ）
8. 朋友的聚会你基本都去参加。 （ ）
9. 你很喜欢写日记。 （ ）
10. 你对未来充满幻想。 （ ）

11. 你比较好静，就算是节假日，也喜欢待在家中。　（　　）

12. 假如有约会，你会选择浪漫温馨的地方。　（　　）

13. 你很崇拜某些偶像明星。　（　　）

14. 看书时，你喜欢从内容概要开始看。　（　　）

15. 你不太喜欢与人交往。　（　　）

16. 你认为真正的爱情应该是平平淡淡的。　（　　）

17. 你认为人无完人，每个人都是各有所长和所短的。　（　　）

18. 见到英俊的男生（或漂亮的女生），你会心跳不止，为之陶醉。　（　　）

19. 你非常渴望有一个人能来关心和体贴你。　（　　）

20. 你非常在乎别人对你的看法。　（　　）

21. 对于你喜欢的人，你会无怨无悔地奉献一切。　（　　）

22. 每次考试前，你都会猜题碰运气。　（　　）

23. 如果约会，你喜欢去引人注目的场所。　（　　）

24. 你相信“灰姑娘”的故事。　（　　）

25. 对于现在的处境，你非常不满意。　（　　）

26. 你很喜欢买奖券，因为万一中了大奖那就太好了。　（　　）

27. 你觉得人与人之间不必相处得太亲热。　（　　）

28. 你最近看了三部以上的电视连续剧。　（　　）

29. 你喜欢能拆能装的玩具。　（　　）

30. 看到悲伤的场面，你会心酸。　（　　）

评分

2、11、14、15、16、20、23、27、29 题，选择“是”计 0 分，“不确定”计 1 分，“否”计 2 分；剩下的题，选择“是”计 2 分，“不确定”计 1 分，“否”计 0 分。各题相加即得总分。

你的总分为：______________。

解释

0 ～ 20 分：你对人兴趣不大，喜欢有条有理的生活，一见钟情的可能性不大。即使看中了某一个人，因为会受到别人看法和意见的左右，所以你几乎没有勇气去约他。

21 ～ 40 分：一见钟情的可能性一般。

41 ～ 60 分：你很容易一见钟情。你的“情人眼里”总有“西施”出现。为了感情，你常会奋不顾身。

真情寄语

时间是人最伟大的导师，我见过无数被失恋折磨得死去活来的人，是时间帮助他们抚平了心灵的创伤，并重新为他们选择了梦中情人，最后他们都享受到了本该属于自己的那份人间之乐。

第四章

应试技巧

一、从容面对考试

考试又考试，考试何其多。
天天为考试，万事成蹉跎。
学子皆被分数累，春去秋来没快乐。
朝听老师吼，暮闻家长火。
一生考试苦几何?
请君听我考试歌。
一看试卷，两眼发呆。
三思不解，四肢无力。
五脏俱焚，六神无主。
七孔流血，八面受敌。
九道试题，十分不懂。
百废待举，千疮百孔。

这是在同学们中广为流传的一首哀叹考试的校园谣，形象地道出了同学们对考试的感受。我听后心中沉沉的，感受到了作为学生的辛苦。我作为曾经的学生和同学们的感受略有不同，但也深深地知道怀着此种心态、情绪去面对考试是很难正常发挥的。作为一名专业的心理学工作者及过来人，我希望同学们振奋精神，以积极的心态去面对考试，以轻松的状态去迎接考试。

对待考试就像对待家常便饭一样

考试像是家常便饭，学校要考，工作要考，就是去当厨师，也要一个烫金的厨师证。因此，对待考试，应该像对待家常便饭一样，不要怕它，要树立起信心，确信自己能考好。这样，心里就不会紧张，就会取得好成绩。考试并没有多么可怕，俗话说："真金不怕火炼。"所以只要你平时努力地去学了，那么考试时自然也就不会害怕了。

功夫在平时，坦然来考试

学习是一项系统工程，是一个漫长的、需要精心策划的、一步都不能忽视的工程。靠的是持之以恒的努力，而不是"拼一拼"就能"拼"出成绩的。所以在平时的学习中，应注意彻底掌握基础知识。这些基本原理和方法技能是分析问题及解决问题的要领与工具。基础越牢固、深刻，在学习新知识、解答问题时就越容易，而且运用越多，掌握越牢。

考试是对每个学生学习成绩的综合检验，同学们既要认真，又不要太紧张。我认为功夫在平时。在考试前几天晚上加班加点，这只是徒劳，因为你这样做不但会睡眠不足，而且脑中记忆的东西太多，就会乱，考试那几天，就会晕头晕脑。所以我觉得大家在平时要抓紧，考试时情绪要稳定，仔细做题就是了。因此，只要平时功夫练到家，关键时刻一击，成功自然是水到渠成的事情。

赶走考试焦虑

考试是学生的“家常便饭”，可有一部分同学一听说考试或一进考场，就恐惧、紧张、发抖、心惊肉跳、焦虑不安，不是大失水准，就是心乱如麻，还有的甚至晕倒在地，成了“考试焦虑”的牺牲品。期末考试一天天逼近，一部分同学也一天天紧张起来。一想到它就会出现诸如头痛、心跳加快、晚上睡眠不好、上课的时候注意力无法集中、记忆力下降、复习过了的东西很快就忘了等症状，这些都是考试紧张、焦虑的具体表现。那么，大家应如何克服考试焦虑呢？

首先，端正对考试的认识。考试只是一种手段，并非真正的目的，我们的目的是多学些知识，而考试分数的高低，并不一定能说明我们所学知识的多少，要正确对待考试结果。一般情况下，考试反映了平时学习的状况，是认识自己学习优劣的好时机。因此，要认真对待，尽力发挥自己的水平。同时，又不要把考试的分数看得过重，因为它不是衡量学习质量的唯一标准。

其次，培养良好的心理素质，树立自信心。人的心理是对客观现实的主观反映，但人绝不是消极被动地接受现实的影响，主观的积极状态可以减弱甚至消除消极的影响。考试中要正确对待考场中的各种因素对自己情绪的影响，树立自信心，不怀疑自己的能力，充分发挥主体优势，消除不必要的顾虑和担忧。

再次，保证充足的睡眠，临考前切勿开夜车。睡眠不足会影响记忆，钝化思维，不利于形成良好的竞技状态。临考前更应坚持文体活动，学习一小时要到室外轻松一下，做深呼吸；因兴奋过度可能无法入眠，可在睡前喝杯牛奶。

最后，充分放松，进行自我调节。在学习的同时，注重劳逸结合。当你不自觉地紧张时，不妨伏案闭目休息片刻；也可采用腹式深呼吸 20 多次，消除极紧张状态；也可翻翻夸张、逗趣的漫画作品，促使心情开朗、情绪高涨，重新恢复优越感和自信心；还可进行自我暗示，诸如“我能行，我会成功，我不慌”；也可这样想——我紧张，别人也紧张，我有做不出的题目，别人也可能做不出，“两军交战勇者胜”，谁怕谁？若因紧张而头痛、心悸时，不妨双手捂耳，顺时针正揉 30 次，反揉 30 次，再用拇指用力揉压太阳穴，会有一种清醒感。

胜不骄，败不馁

当你考试取得胜利时，要保持清醒的头脑，不骄傲，这样才能不断前进，夺取新的胜利。当你考试失败了，应该不灰心、不气馁，不断总结经验教训，方能转败为胜。具体来说，至少包括以下几方面。

首先，正视失败，承认失败。同学们要失败不失志，要有勤奋努力、

考试
从容不迫

奋起直追的勇气和斗志。另外，要勇于承认失败，敢于承认失败，这样，才能从根本上找出失败的原因，制定出切实可行的计划，最终反败为胜。

其次，认真找出失败的原因。考试失败的原因是多方面的，如平时学习不够刻苦努力、学习方法欠佳、基础不牢固、试题过深、难度过大等。我们要从这些可能导致考试失败的原因中找出失败的真正原因，然后，结合自己的实际，有针对性地制定具体可行的措施，并逐一加以落实。例如，制定科学合理的复习计划，复习时要劳逸结合，不搞疲劳战术，不搞题海战术，要增加饮食营养，保持旺盛的精力，等等。

最后，从失败中振作起来。失败并不可怕，怕就怕在经不起失败的打击，怕就怕在甘居落后，不思进取，从而一蹶不振。俗话说“失败是成功之母”，我们要认真从失败中吸取教训，重树信心，下定决心，用坚强的意志和顽强的毅力去学习、去拼搏，迎头赶上。一方面，要有“天塌下来当被盖”的气概，要冲破失败的阴影，要有“不到长城非好汉”的斗志；另一方面，要脚踏实地，从基础做起，从点滴做起，夯实基础知识，要虚心请教同学、老师，解决学习中存在的问题。只有这样，最后的胜利才终将是属于你自己的。

备考期间，由于学习压力的加大，同学们千万要注意睡眠和饮食，而且，尽量做到紧张备考，轻松作战。考试是横在每位同学面前的一道关卡，只要大家考前认真复习、准备充分，在考试时不急不躁、冷静对待，在考后正确对待考试成绩，胜不骄，败不馁，那么，我相信同学们一定能过好这一道道关卡，最终走向胜利！

最后以一首诗与大家共勉。

在生活中每一个人都要面对考试

这是基本的社会事实
这是我们的生存状态
这里有丰富的人生品味

考试是情结
容纳了读书人的追求
成全了有志者的理想
开拓了普通人的眼界

考试是机遇
成功意味着走进一个新天地
如果这扇门暂时关闭
另外的窗已经打开

考试是挑战
激发了蕴藏于心底的想象力
催化了与生俱来的强者意识
升华了生命的思考与领悟

人生何尝不是一次考试
将身心调整到最佳状态
从容努力地与考试共舞
这就是最满意的答卷

趣味心理测试

你有考试焦虑吗

指导语：下面有33道题，每题只能选择一个答案。每道题都有4个备选答案：A. 很符合；B. 比较符合；C. 较不符合；D. 很不符合。

1. 遇到重要的考试，我的脑子就变得比平时迟钝。（　　）

2. 看到考试题目越多、越难，我越感到忐忑不安。（　　）

3. 在考试中，我的手经常会变得冰凉。（　　）

4. 在考试中，我感到十分紧张。（　　）

5. 一遇到很难的考试，我就担心自己会不及格。（　　）

6. 在紧张的考试中，我会想些与考试无关的事情，注意力集中不起来。（　　）

7. 在考试时，我会紧张得连平时记得滚瓜烂熟的知识也回忆不起来。（　　）

8. 在重要的考试前几天，我就坐立不安了。（　　）

9. 临近考试时，我常腹泻。（　　）

10. 一想到考试即将来临，我的身体就会发僵。（　　）

11. 在考试前，我总感到苦恼。 (　　)

12. 在考试前，我很容易烦躁、脾气变坏。 (　　)

13. 在紧张的复习期间，我常会想：“这次考试要是得了坏分数怎么办？” (　　)

14. 越临近考试，我的注意力越难集中。 (　　)

15. 一想到马上就要考试了，我参加任何文娱活动都感到没劲。 (　　)

16. 在考试前，我总预感到这次考试将要考坏。 (　　)

17. 在考试前，我常做关于考试的梦。 (　　)

18. 到了考试那天，我就不安起来。 (　　)

19. 当听到开始考试的铃声响了，我的心马上紧张得急跳起来。 (　　)

20. 考试中，我会沉浸在空想之中，一时忘了自己是在考试。 (　　)

21. 考试中，我想上厕所的次数比平时多些。 (　　)

22. 考试时，即使不热，我也会浑身出汗。 (　　)

23. 考试时，我经常紧张得手发僵，写字不流畅。 (　　)

24. 考试时，我经常会看错题目。 (　　)

25. 在进行重要的考试时，我的头就会痛起来。 (　　)

26. 发现来不及做完全部考题，我就会急得手足无措、浑身大汗。 (　　)

27. 如果我考了个坏分数，家长或教师会严厉地指责我。 (　　)

28. 考试后，发现自己懂的题没有答对，就十分生自己的气。 (　　)

29. 有几次在重要的考试之后，我腹泻了。 (　　)

30. 只要考试不记成绩，我就会喜欢考试。 (　　)

31. 我认为考试不应当像在现在这样的紧张状态下进行。 (　　)

32. 我对考试十分厌烦。 (　　)

33. 不进行考试，我能学到更多的知识。　　　　　　　　　　（　　）

评分

每题选 A 得 3 分，选 B 得 2 分，选 C 得 1 分，选 D 得 0 分，将各题得分相加，即得总分。

你的总分为：＿＿＿＿＿＿＿。

解释

考试焦虑评价表

0 ～ 24 分：镇定。

25 ～ 49 分：轻度焦虑。

50 ～ 74 分：中度焦虑。

75 ～ 99 分：重度焦虑。

真情寄语

健康的考试心理是考出好成绩的重要前提。

二、超越自我　战胜自我

——谈高考中的心理突围

高考更是一场心理战

参加过高考的人都知道，高考是对个人综合素质的考验，其中既有对知识方面的考察，也有对能力方面的检验，还有对心理方面的考验。

在高考的漫漫长路中，同学们容易在不同的时期出现一些典型的心理问题，如何有效地突破，将关系到同学们高考的成功与否。

复习中，突破急躁心理

“一口就想吞下一头大象”是这个时期同学们最突出的心理。同学们如果复习一段时间后，考试成绩仍不理想或成绩稍有起伏，常常会对自己无端产生怀疑，对复习效果、复习方法产生动摇，进而导致情绪波动、注意力不能集中。殊不知，复习是一个需要长时间的、循序渐进的过程。

其实，在复习过程中，出现急躁心理是很正常的，也不是什么严重的问题。解决的办法是，要注意自己安慰自己，必要的时候学学阿Q同志，来个精神胜利法，熬过去就好了。

面对急躁，坚定的信念很重要。最好的办法是坚持到最后，即使是失败了也问心无愧。下面是一些克服急躁心理的具体方法，不妨一试。

第一，加强计划性。复习之前首先要冷静地思索一番，总复习定个书面计划，短复习做到心中有数，第一步做啥、第二步干啥都做个安排，这样，复习起来就不会急三火四、毛手毛脚了，慢慢就会养成稳重的复习习惯。

第二，积极的自我暗示。复习前心中可以默念“沉着”“冷静”“坚持就是胜利”，在暗示下进行复习，这样就会取得明显效果。

第三，急躁时切记做事要始终如一。复习中的大忌就是虎头蛇尾，故在行动时，不仅要有良好的开头，还要有满意的结尾，因此做到善始善终也是克服急躁的重要措施。

第四，加强自身素质训练。急躁往往和个性密切联系在一起，并变成习惯。为了克服急躁，可以在平时的复习之余通过下棋、画画等方法，磨炼自己的耐性和韧劲儿，久而久之就会养成不急躁的习惯。

“宝剑锋从磨砺出，梅花香自苦寒来。”在高考这片园地中，投入和产出是相对公平的。相信同学们只要脚踏实地、勤学苦练，高考后收获的必将是累累硕果。只要端正态度、认真对待，你一定会笑到最后。

考试前，突破紧张心理

高考前夕，同学们的心情也变得极为复杂，真可谓“数年寒窗苦读，只待今朝一试”，其紧张和压力也往往达到最高值。心理学研究表明：适度的紧张可使大脑警醒水平增高，兴奋性增强，意识的清晰度、注意力的集中性等均有提高。但如果过度焦虑，身体的植物神经系统功能就会紊乱，会出现紧张、恐惧、发抖、出汗、心慌、气促，严重的甚至虚脱、休克，个体的心理过程也会受到影响，如意识范围可能变窄、注意力无法集中、思维清晰度变差、记忆力受到抑制等。

这时，就应掌握正确的办法来突破紧张情绪。有过来人提出如下办法，就很管用。

第一，充分认识自己。人的许多精神压力往往来自对自己过高的期望，考试也是如此，只有目标与实际能力接近时才能大大提高自信心。

第二，顺其自然。你已经做了该做的工作，那么，剩下的就顺其自然吧。

第三，保持宽松的生活环境，坚持正常的起居饮食。不要去和同学闹矛盾，即使他们触犯了你；不要不吃东西，也不要大吃大喝，就像平时那样就好。

在这个时候，对于以前没有掌握的东西，现在也没有必要花大力气去弄明白它了。你一年都没有清楚的东西，还想这两天弄清楚？省省时间吧，看点实用的。比如，要背而没有仔细背的，很多人不是就指望这两天来背这些吗？是时候了。

不要再弄些新的东西来刺激自己了。模拟题什么的可以做，但唯一的目的是保持做题的感觉，不在于得到什么新的知识，所以做对做错没有任何关系，你甚至没有必要去弄清楚错的原因。搞清楚自己是什么类型的考试风格很有必要。

考试后，突破等待心理

考试完了并不等于万事大吉。对于高考来说，如果没有收到录取通知书，那么，一切还没有结束。

考试之后，适当地休整一下很有必要。但是，这时，最怕的就是等待。

因此，这时最重要的事就是积极关注考试后的动态。比如说，重点线和本、专科线各是多少，自己的分数在哪个档次，所填报的学校的分数线，等等。如果均满意，就可以放心等通知书了，如果分数达到了，但报考学校的分数线未到，看有没有补救的希望，而不要无所事事地干等。机会从来就不是等来的，而是争取来的。

同学们！日，给你温暖；月，给你温馨；我，给你祝福。祝你运气像雨点一样密集，烦恼像流云一样飞去，忧愁像恐龙一样灭绝，幸福像蜂蜜一样甜美。

趣味心理测试

考试焦虑自我检查量表

指导语：请依据你的实际情况如实填写，如果题目符合你的情况，就在该题目上画“√”，如果不符合，什么也不要记。请不必刻意花时间思考，尽量根据自己对问题的第一印象来回答。如果某一问题你觉得实在难以回答，请做记录，并与有关的心理老师讨论，因为这些难以回答的问题，可能表明你有新的问题。

1. 我希望不用参加考试就能取得成功。（　）
2. 在某场考试中取得好成绩，似乎不能增加我在其他考试中的自信心。（　）
3. 人们（家人、朋友等）都期待我在考试中取得成功。（　）
4. 考试期间，有时我会产生许多对答题毫无帮助的莫名其妙的想法。（　）
5. 重大考试前后，我不想吃东西。（　）
6. 对喜欢向同学搞突然袭击考试的老师，我总是感到害怕。（　）
7. 在我看来，考试过程似乎不应搞得太正规，因为这样容易使人紧张。（　）
8. 一般来说，考试成绩好的人将来在社会上会取得更好的地位。（　）
9. 重大考试之前或考试期间，我常常会想到其他人比自己强得多。（　）
10. 如果我考砸了，即使不老是挂记着它，也会担心别人看不起自己。（　）

11. 对考试结果的担忧会在考试前妨碍我的复习、考试中干扰我的答题。（　　）

12. 面临一场必须参加的重大考试时，我会紧张得睡不好觉。（　　）

13. 考试时，如果监考人来回走动或者注视我，我会无法答卷。（　　）

14. 如果废除考试，我想我的功课会学得更好。（　　）

15. 当了解到考试结果将在一定程度上影响我的前途时，我会心烦意乱。（　　）

16. 我知道，如果自己能集中精力，考试时就能超过大多数人。（　　）

17. 如果我考得不好，人们将对我的能力产生怀疑。（　　）

18. 我似乎从来没有对考试进行过充分的准备。（　　）

19. 考试前我的身体不能放松。（　　）

20. 面对重大考试，我的大脑好像凝固了一样。（　　）

21. 考场中的噪声（如日光灯的响声、电风扇的声音等）使我烦恼。（　　）

22. 考试前，我有一种焦虑不安的感觉。（　　）

23. 考试使我对能否达到自己的目标产生怀疑。（　　）

24. 考试实际上并不能反映出一个人对知识掌握的程度。（　　）

25. 如果考试得了低分数，我不愿把自己的确切分数告诉别人。（　　）

26. 考试前，我常感到需要再充实一些知识。（　　）

27. 重大考试前我的胃会不舒服。（　　）

28. 有时，在参加重要考试前，一想起某些失败的因素，我似乎都要垮了。（　　）

29. 在即将得知考试结果之前，我会感到焦虑不安。（　　）

30. 但愿我能找到一个不需要考试便能被录取的工作。（　　）

31. 假如这次考试我考得不好，我想这意味着自己并不像原来想象的那样聪明。（　　）

32. 如果我的考试分数很低，我的父母会感到非常失望。（ ）

33. 对考试的焦虑使我不想认真准备了，而这种放弃的想法使我更为焦虑。（ ）

34. 应试时我常常发现自己的手在哆嗦，或双腿直打颤。（ ）

35. 考试过后，我常常觉得自己本应考得更好。（ ）

36. 考试时我的紧张情绪妨碍了注意力的集中。（ ）

37. 在某些考题上我费劲越多，脑子就越乱。（ ）

38. 如果我考砸了，且不说别人会对我有看法，我自己也会对自己失去信心。（ ）

39. 应试时，我身体的某些部位的肌肉很紧张。（ ）

40. 考试前，我感到缺乏信心、精神紧张。（ ）

41. 如果我的考试分数低，我的朋友会对我感到失望。（ ）

42. 考前，我所存在的问题之一是不能明确知道自己是否做好了准备。（ ）

43. 当我必须参加一次确实很重要的考试时，我常常感到全身心的恐慌。（ ）

44. 我希望监考老师能够觉察到参加考试的某些人比另一些人更加紧张，我还希望他们在评价考试结果时，能对此加以考虑。（ ）

45. 我宁愿写篇论文，也不愿参加考试。（ ）

46. 在公布我的考分之前，我很想知道别人考得如何。（ ）

47. 如果我得了低分数，我认识的某些人将会感到快活，这使我心烦意乱。（ ）

48. 我想如果我能单独进行考试，或者考试没有时限压力的话，那么我的成绩会好得多。（ ）

49. 考试成绩直接影响我的前途和命运。（ ）

50. 考试期间有时我非常紧张，以至于忘记了自己本来知道的东西。（ ）

解释

根据对上面这个问卷的回答，可以知道自己的考试焦虑主要表现在哪些方面。

测查的方面	题目序号
担心考试失败后别人对自己的评价	3、10、17、25、32、41、46、47
担心个人自我意象受到威胁	2、9、16、24、31、38、40
担心未来前途	1、8、15、23、30、49
担心应试准备不足	6、11、18、26、33、42
身体反应	5、12、19、27、34、39、43
思维阻抑，注意力不集中	4、13、20、21、28、35、36、37、48、50
自信不足	7、14、22、29、44、45

例如，如果你在“担心考试失败后别人对自己的评价”的题目上大部分都画了勾，说明你的焦虑可能是由这个因素引起的，或者表现为这个方面；如果你在“担心未来前途”方面非常符合题目，则说明你在这个方面考虑得较多，需要进行调整。

真情寄语

承受压力的重荷，喷水池才喷射出银花朵朵。

三、调整心态　轻松上阵

——谈应试心理调适

虽然近年来高校不断扩招，但并非每位高中毕业生都能顺利进入大学继续深造。因此，“黑色六月”的高考，仍牵动着千万学生、家长和教师的心，仍吸引着社会各阶层人士的关注。短期内，高考竞争的气氛和拼搏的氛围依然很浓，又因高考是选拔人才的重要考试，关系到同学们的前途和今后事业的发展方向，所以同学们往往心理压力很大。可以这样说，高考不仅仅是知识的竞争、能力的竞争，更是心理素质的竞争。不少同学由于缺乏考试的心理准备，忽视了考试心理状态的调适，考试时常常不知所措，抑制了自身潜能的正常发挥，影响了高考成绩，进而导致目标理想不能如愿以偿，从而造成短期或终生的遗憾。那么，高考时应如何有效地进行心理调适呢？

考前的心理调适

1. 树立自信心

心理学家曾做过一个实验：将一只跳蚤放入一只杯中，跳蚤一下子就能从杯中跳出来。然后，心理学家在杯上盖上透明盖，跳蚤仍然会往上跳。但碰了几次透明盖后，碰疼了，慢慢就不跳那么高了。这时心理学家再将透明盖拿走，却发现那只跳蚤已经不能跳出杯子了。这个比喻虽不是很恰当，但它启示我们，如果说自信不一定能让你成功，那么丧失自信你却注定会失败，因为你已丧失进取的勇气。因此，树立自信心是高考成功的第一秘诀。

2. 调节情绪

在人的心理世界中，情绪扮演着重要的角色，它像是染色剂，使人的学习、生活染上各种各样的色彩；它又似加速器，使人的学习活动加速或减速地进行。我们需要积极、快乐的情绪，它是获得学习成功的动力。有人说：情绪是思维的催化剂，思维能力可以通过情绪的调节而显示出更好的效应，人也会因此显得更聪明、更能干。积极的情绪可使人精神振奋、想象丰富、思维敏捷、富有信心；消极的情绪则使人感到学习枯燥无味、想象贫乏、思维迟钝、心灰意懒。因此，我们高高兴兴地学和愁眉苦脸地学，效果大不一样。

3. 适度焦虑，激发动机

心理学的研究表明：焦虑水平与学习成绩呈倒U形关系。无焦虑或焦虑水平过低，学习无紧迫感，对什么都无所谓，肯定学不好；而焦虑水平过高，人的精神极度紧张，又会影响正常的思维；只有处于中等焦虑水平的同学才能激发内在的学习动机，变压力为动力，学习效果最好。所以，我们应保持适度焦虑，客观地认识自我，在学习中扬长避短、讲究学习方法，为实现理想而持之以恒地奋斗、拼搏。

4. 做好考前准备

赴考场前，一定要检查是否带好一切考试用品，如准考证、签字笔、铅笔（通常2～3支）、小刀、橡皮、绘图仪（圆规、三角板等）等。另外，还应该提前到达学校、进入考场，学会积极等待，不要因交通堵塞而手忙脚乱，影响考试情绪，导致考试失败。

考中的心理调适

1. 调减压力，轻松答题

压力是生活的一部分，是自然的，不可避免的。一定程度的压力有益于我们的心理成长，增加生活情趣，激发我们奋进，有助于我们更敏捷地思考，更勤奋地工作，更能增强我们的自尊心和自信。但如果考试压力过大，会使人精神过度紧张，情绪高度焦虑，对考试结果忧心忡忡，患得患失，这样就会导致考试失败或“怯场”现象的发生。

2. 防止粗心，避免失分

“会而不对，对而不全”已成高考失分的老大难问题。不少同学一看到自己熟悉的内容、题型，常会由“心中窃喜”到“忘乎所以”，造成审题不细心、答题不规范，轻易丢分。因此，同学们在考试过程中，要时刻提醒自己“人易我易别大意”，力求做到胆大心细、周密考虑、会而求对、对而求全，争取在中下档题目中拿到高分。

考后的心理调适

1. 稳定情绪

在考完第一科后，不管是否考好，都应积极调整情绪，迎接下一科的考试。考得好，不要沾沾自喜；考得不好，也不要后悔不迭。在考试过程中要有“后一科一定比前边考得更好”的期盼，考试中要情绪饱满、精神抖擞。

2. 恢复常态

全部科目考完之后，可以适当休整一下，和家人或同学朋友去郊游，

X 考场
考生 X
轻松
充分准备
适度焦虑
自信心
调节情绪
情绪不稳定

呼吸一下大自然的新鲜空气，不失为解除疲劳的好方法。如果你是高考的失利者，你的不快情绪会被大自然的美景所融化；如果你是高考的胜利者，那么大自然的美景将会带给你更加愉快的心情。需要提醒的是，郊游要注意安全，以避免事故的发生。也可找一些知心朋友就一些轻松话题聊一聊天。但“可熬到头了，大睡三天”，实在无此必要；“大功告成，没有功劳也有苦劳和疲劳，一醉方休”，实在要不得；“憋了十几年，该出口气了”，摔板凳、打玻璃、乱涂乱画，就更不像话了。

总之，考场是特殊的智力竞争场合，是同学们智力、毅力和体力等综合素质的较量，愿大家以扎实的知识水平、良好的心理状态在高考中取胜！

趣味心理测试

你掌握了必要的考试技巧吗

指导语：请根据自己的情况，对以下题目做出选择。

1. 直到临考前的晚上，我才会进行突击复习。 是○ 否○
2. 当准备考试时，我变得紧张、不安，因而难以准备复习。 是○ 否○
3. 在参加考试之前，我会阅读所有与此次考试有关的材料。 是○ 否○
4. 考试期间，我紧张不安，不能像平常那样从容应答。 是○ 否○
5. 准备考试时，我试图将书本上的知识一字不漏地记在脑子里。 是○ 否○
6. 考试时，如果遇到比较难的题目，我会一直坚持，直到答出来为止。 是○ 否○
7. 我经常因为粗心大意、没有细心检查而丢了很多分数。 是○ 否○
8. 我的卷子经常写得很潦草，没有条理。 是○ 否○
9. 考试时，我经常出现时间不够的现象。 是○ 否○
10. 临上考场之前，我会要求自己一定要考出好成绩。 是○ 否○

11. 我经常是班上提前交卷的那个学生。　　是○　否○

评分

选“是”记 1 分，选“否”记 0 分，将各题得分相加，计算总分。

你的总分是：______________。

解释

总分的范围是 0 ～ 11 分，总分越低，表示你的考试技巧越好。

真情寄语

人易我易别大意，人难我难不畏难。

四、高考应试方略

——赠给考生的十五条建议

高考既是水平考试，又是选拔考试。在高考中，我们要想取得比较优异的成绩，除了平时基础知识的学习和积累外，还要加强考前的科学备考，掌握并适当运用一些临场的应考技巧和策略，这样往往能起到事半功倍、锦上添花的效果。

考前：轻松准备篇

1. 心理准备

高考在某种程度上是毅力的较量，是心理承受能力的较量。只有做好心理准备，才能精力充沛、心境平和，考试时才能得心应手、应付自如。主动化解对考试的抑郁，调节考试迫近的紧张心理，以及摆脱对考试的恐惧，以良好的心情去面对考试，这样才能轻松“迎战”，在考场上发挥出较高水平，考出好成绩。

2. 复习准备

临考前，在同学们回家自由复习的几天中，要防止出现两个极端：一是继续拼命地忘我学习，包括继续“开夜车”到很晚；二是彻底地放松，好几天都不怎么摸书。既然这两种做法都不利于临场发挥，那么比较好的做法是什么呢？在确保充足睡眠的情况下，在这几天上午的 9：00 ～ 11：30 和下午的 3：00 ～ 5：00，以及晚饭后睡觉前的两个小时中，集中精力复习各科最基础、最重要的主干知识，看看自己曾经做错的题，并做适量的模拟试题，以防止出现知识遗忘和“手生”的情况。但切记：千万别被外界环境左右，最后几天别做难题。

3. 作息准备

高考冲刺阶段，很多同学学习极其努力和刻苦，很多人变成了“猫头鹰”，喜欢“开夜车”学习到凌晨，白天往往十分困乏，提不起精神。最后一周，所有同学都应该把自己的作息时间调整到和高考考试时间一致，确保上午和下午的考试时间是自己一天中精神最好、精力最充沛的“黄金”时段，这样将大大提高考试时的答题效率。

4. 身体准备

首先，注意调节身体状况。每天合理安排运动，要避免参加大运动量

距高考战争还有天
战前准备
1. 读书不忘锻炼
2. 奋斗不忘休息
3. 工作不忘娱乐
4. 紧张不忘放松
战时计划
1、沉着面对
2、战时心情
时间表
6:00
7:00
8:00
9:00
10:20
11:30
自信自信
力量力量
坚持坚持
胜利
成功

的项目和进行长时间的运动。其次，继续调整生物钟。在考前几天，应继续按自己所参加高考科目的时间适当调整学习时间，让自己的最佳思维状态与高考考试时间同步。此外，适当地散散步和放松放松也很重要。

5. 物质准备

首先，要熟悉考场。最好考前头一天到考点和考场看一看，尤其是对于到另一个学校去考试的同学来说，熟悉考场极为重要。熟悉考场，早做准备，会给你带来信心和安全感。其次，要整理、准备好当堂考试的必需品。例如，计时表、笔、考试涂卡工具（2B 专业涂卡笔、橡皮、垫板等）、准考证、相应考试科目所需文具（直尺、三角板、圆规、半圆仪等）等。

考中：实战技巧篇

1. 提前半小时到达考点

在考试前半小时到达考点，尤其是在高考的第一场考试前，这对同学们有三大好处。第一，暗示自己对高考取胜充满自信，这是不战而胜的精神制胜术。第二，提前熟悉考场内外的临战气氛，使自己在心理上保持临考前的适度激昂，一定程度上预防考试怯场。第三，提前半小时赶到考场，也是应急的预防措施之一。提前到达考点后，建议你找一个离你所在考场不远、相对安静的地方，翻翻随身携带的参考书或笔记，或者什么也不看，静心养神即可。另外请记住：千万不要在此时随便去问人家自己不懂的问题，人家也有自己进考场前的时间安排，此时此刻，你唯一可以信赖的真正朋友就是你的自信！

2. 拿到卷子后，通览全卷再答题

拿到卷子以后看一下考卷一共几页，多少道题一定要先知道，千万不能落题和落页。更重要的是，通览全卷可以使自己对试题的数量、题型、难度和试题所占的分数等有一个比较全面的了解。关于是否要把全卷的题目全看一遍，同学们按自己的习惯来做，没有对错之分。通览全卷不但有利于增强自己的自信心，而且有利于取得优异的成绩。

3. 缜密审题，扣题作答，快慢适度，相得益彰

审题是整个解题过程的“基础重心工程”，题目本身就是“怎样解题”的信息源，必须充分弄清楚命题人的意图之所在，综合所有条件，提炼全部线索，形成整体认识，为形成解题思路提供全面可靠的依据，这一过程，你一定不能图快，因为“磨刀不误砍柴工”。建议大家在审题时要逐字逐句看清楚，力求从语法结构、逻辑关系等方面真正弄懂题意。不要漏掉试卷上的每一个字符，凡是题目已知条件中没有明显写出来的，就一定会隐含地给予，你要仔细地推敲、再推敲。审题还要注意“稳中求胜”，不能急躁冒进，要记住心躁事毁。越是急躁，解题的速度越慢，所以要心平气和地去审题，要尽量做到稳一点、慢一点。审题时，应尽可能多念几遍题，甚至可用铅笔把题目中给出的已知条件、潜在条件及要求解决的问

题一一标出，做到边读题边打腹稿。只有审题工作做好了，才能获取更多的解题信息，找到解题方法，也才能有心情做到书写简明扼要、整洁大方、一目了然、快速规范，越战越勇。

4. 以积极主动的心态应对新题型和难题

难题是大家要共同面对的，难都难，大家一块难，谁能稳住自己谁就会以好的状态继续前行，谁心慌谁就会发挥失常；当然亦可采取“退而求其次”的策略，争取尽力多做几步，或绕过难题回头再说。考试遇到难题心里慌张时，可以进行积极的自我暗示，调整好心态。心态放松，积极思考，也许你会豁然开朗，喜逢“柳暗花明”。即使真的无法解决这道难题，但是有此心态，它至少不会影响其他问题的解答，你仍然是考场中的胜利者。

5. 发挥门槛效应，狠抓中下题目

一进考场立即答好一两个易题、熟题，使自己产生“旗开得胜”的快意，从而让思维很快进入最佳状态，心理学上称此为门槛效应。狠抓中下难度的题目，先易后难，先熟后生，先小后大，先点后面，做一题得一题的分，不断扩大激励的正效应，不仅可能使中下难度的题目夺得好分，即夺得全卷 80% 部分的好分，还可能乘胜前进，拿下原来估计得不到分数的难题。因此，低难度题全做对，保证中难度题，尽力冲击高难度题，考试一定会胜利。

6. 一丝不苟，每分必争，提高总成绩

成绩是高考录取的重要依据，相差一分就有可能失去录取资格。因此，同学们必须一丝不苟，认真答题，每题必答，每分必争，力争得满分。高考试题的阅卷是采点给分、分步赋分，写对几点就得几点的分，做对几步就会得到几步的分，因此在答题时要学会争分。争分的主要方法有：理科把主要方程式和计算结果写在显要位置，文科把答案要点列条写清，作文要注重开头和结尾。遇到一时难以解答的问题，要认真分析、思考，会多少答多少，能推导几步就做几步。对分数少的小题，也要认真回答，争取多得分。所以各科考试的每一道题都应该认真思考，能做几步就做几步，能得几分是几分，尽量不要在试卷上留空白，尤其是文科考试，这是考试中最好的策略。在考试时，要不急躁，不气馁，学会用争分的方法来提高自己的得分率。

7. 坚持规范表述，减少无谓失分

表述不规范、字迹不工整是高考失分最常见的一个原因，也是引起阅卷老师第一印象不好、产生光环效应（晕轮效应）导致错判或给分偏低的一个原因。表述不规范有多种形式，诸如字迹潦草、丢三落四、乱涂乱画、颠来倒去、轻重不分等。有的同学连自己先前写的数字也认不得了，乱算一通，前功尽弃。因此，答题时应字迹工整、分段准确、图形精确、答案简洁。这些规范化的表述习惯不仅在正式答案上应始终遵守，就是演算时也应照此办理，既条理分明、结构清晰，又方便复核查找一时无法想出的知识点，可留出一定空白最后补上，切忌乱勾乱画。

8. 仔细检查，补漏纠错，减少不合理失分

做完试题后，如果离考试终了还有一段时间，要在座位上看好自己的试卷，做好检查、补漏两项工作。第一，仔细检查有没有遗漏或没有做完的题目。第二，复查各题的解答过程和结果。第三，检查试卷和答题卡上的姓名、考号、座位号是否已按规定准确地书写（填涂）齐全。第四，检查试卷和答题卡上是否有与答案不相干的文字或符号。第五，还要注意克服某些心理原因造成的失分，如临近交卷时凭感觉就轻易更改答案或删去某些解题过程，都可能造成不合理失分。

考后：顺利过渡篇

1. 不与其他同学对答案

考试一结束，同学们鱼贯而出，会在考场外热闹地谈论着各自的答题得失，互相核对某道题的答案或结果，说着说着，一声声的叹息就情不自禁地脱口而出，甚至有的同学可能忍不住哭出来……这是每年在高考考场外都可以见到的场面。

走出考场后见到此场面，千万不要加入这些议论者行列，不要与别人对答案，不得不从他们中间或旁边走过时，也最好绕开他们，避免与他们交流考试得失。如果有关心你的老师或在考场外久候你的亲人询问考得如何时，无论你在这一场考试中感觉良好抑或不怎么样，你都只须用“感觉还可以”之类简洁语言回答就是了。因为：①若一对答案，发觉自己做得

不理想，造成情绪低沉和焦虑，反倒会影响下一场考试的发挥，甚至会破坏你的自信心；②如果上门科目考得不错，于是忘乎所以，被“胜利”冲昏头脑，产生松懈情绪，会降低后续考试的动机水平和唤醒程度，导致后几科考得不好。

2. 考一场“忘”一场，迅速调整状态迎接下一场挑战

离开考场后，应尽快把前场考试的一切都完全抛开。千万不要沉湎于上一场考试之中，不论是因为失误而懊悔、因为考题难度大而焦虑，还是因为考试顺利而沾沾自喜都是不可取的。尤其应当记住的是不要与别的考生议论和争执，而应积极休整，争取以最佳心态迎接下一场考试的挑战。另外，同学们也应做到：不到最后一门考试结束，决不轻言放弃，也决不松懈。

最后，送给大家一段高考“三字经”作为本文的总结：

考期近，树信心；调状态，进佳境。
文具笔，清理好；准考证，莫忘了。
进考场，心充实；视考场，寻常事。
拿考卷，填号名；速浏览，底摸清。
先做易，后做难；先解简，后解繁。
题审清，书写净；抢速度，要细心。
试题易，莫大意；我觉易，人皆易。
试题难，莫心烦；我觉难，大家难。
答题毕，细复审；要客观，宜冷静。

铃声响，出考场；不议题，不算分。

胜不骄，败不馁；忘成败，是大将。

总之，实现高考目标需要有健康的体魄、良好的生活习惯、坚强的意志、优秀的品质等，只要考生能够很好地把握住这些要素，高考目标就一定能实现！

趣味心理测试

应试作答技巧检测量表

指导语：本量表共有十个题目，可用来帮助同学们了解自己的应试技巧水平。请仔细阅读量表中的每一个题目，并与你的实际情况相对照，然后从三个备选答案中选择其中的一个：A. 经常；B. 偶尔；C. 很少。请将答案填入题后的括号中。

1. 你会忘记在考卷上写姓名与座号。（ ）

2. 你认为对于关键性的考试，考场如战场，分秒必争，把时间花在浏览试卷与计划答题时间分配上很不值得。（ ）

3. 你会看错题目的要求，做了半天，最后还得重新返工。（ ）

4. 你会一翻开考卷就匆匆作答，竟然忽视了监考老师对考卷中印刷错误的重要更正。（ ）

5. 你会因时间计划不好而把考卷后面对你来说较容易的一些题目给耽误了。（ ）

6. 在考试中你一遇到自己没复习透的题目就感到慌张，担心考试砸锅。（ ）

7. 你认为考试作答按试题的顺序进行比先易后难的顺序更为稳妥。（ ）

8. 你因粗心大意弄错本来很简单的问题而被扣分。（　　）

9. 你忽略卷首的作答指导语或事先提供给你的有关已知条件而没能拿到你应该拿到的分数。（　　）

10. 作答完毕剩有时间，你不愿意再三核对，不等到考试时间结束就提前交卷。（　　）

评分

选 A 记 1 分，选 B 记 0 分，选 C 记 –1 分。请将各题的分数相加，即为你的总分。

你的总分为：＿＿＿＿＿＿＿＿。

解释

得分高的同学，表明你的应试作答技巧尚有欠缺，得分越高，缺陷越大。

真情寄语

宝剑锋从磨砺出，梅花香自苦寒来。

五、关注“后高考心理”

——谈考后的自我心理调适

严肃紧张的高考终于落下了帷幕。一部分同学为自己考得好而欢呼雀跃、手舞足蹈；一部分同学为自己考得不理想而愁眉苦脸、灰心丧气。接下来，不管考得好还是考得不好的同学，绝大多数都会选择放松。然而，长期高度紧张后突然放松，不利于自身的身心健康的发展。因此，每个同学都有必要进行积极的心理调整。尤其是自我感觉考得不理想的同学，更应努力走出自卑、失落、放纵、怨责、内疚等不良的心理误区，建议同学们从如下方面努力改善。

有落榜的心理准备

参加高考的同学都想上大学，但事实上不可能人人如愿，所以要做好落榜的心理准备。心理压力对不同的人来讲，有着很大的差异，同样的挫折，为何有的人感到压力大，有的人觉得无所谓；有的人持续时间长，有的人很快就复原，其中很重要的原因就是事前要有心理准备。

转移注意力

转移注意力可以改变情绪，在考后的一段时间里可以安排适当的时间去听听音乐、唱唱歌，或是结伴到大自然中走走，充分放松自己的心情。

宣泄消极情绪

有苦你就诉，有泪你就流，放松自我，千万别憋着，或找个合适的时间、地点、对象，向朋友、师长倾诉衷肠，或者干脆把苦恼、愤恨写在纸上，然后撕个粉碎。不要过分担心、揣摩考试的结果，要面对现实、接受现实，勇敢地面对生活的挑战。

积极地自我暗示

不要总是贬低自己，骂自己无能，应该放松微笑，勇于承认现状。每天从一睁眼就开始对自己说：我今天的心情很好。还可以用“胜人者智，自胜者强”等能激励自己的话时刻鞭策自己。

改变对高考的认知

把高考当作自己生命成长的一种经历。回望高考的前前后后，同学们得到的更多是一种经历、一种成长。高考真正教会大家的是对于成败得失的一种气度、一种心态。对于同学们来讲，没有经历高考的人生是不完整的。高考使同学们成长，高考让同学们长大！经历了高考，人生多了一道美丽的彩虹，人生变得更加完整！

学会选择和放弃

如果高考没有发挥好，就应该为下一步的行动早做打算。复读还是求职……可以降低目标，可以进一步积聚力量，也可以调整方向……只要不停止追求，永远都会有希望。因为我们有足够的时间去重新选择。学会选择也是一种成长。当然，选择要从自己的实际情况出发，切不可随意和盲从。如果你因发挥失误而挫败的话，可以考虑复读；如果你的成绩一贯如此，而你的志愿太高，不妨调整目标；如果家庭经济条件没问题，读“民办”也未尝不可；如果你相信做一份自己感兴趣的事也能成才，那么工作也许是一个不错的选择。

以平常心看待高考

家长首先要学会以平常心看待高考，不要对孩子有抱怨，尤其是要坚

高考后。。。

决杜绝对孩子考试中的疏忽而表现出生闷气、喋喋不休、嘲讽和打骂等不良情绪与行为。家长要以积极向上的情绪感染他们，给他们一个宽松的空间，多听听孩子的见解，不要轻易批评孩子。

最后，要特别提醒同学们：在等待发榜的日子里，一定要注意安全，外出、游泳都要当心。

趣味心理测试

考后身心健康测试

指导语：请对以下各题做出“是”或“否”的选择。

1. 自从考试结束以来，我对学习的兴趣一直在降低。　是○　否○
2. 我总是感到焦虑和不安。　是○　否○
3. 我觉得人活着很没有意义。　是○　否○
4. 我不想再和同学朋友们一块儿玩。　是○　否○
5. 我的生活规律已经被打乱。　是○　否○
6. 我觉得自己现在身上有很沉重的负担。　是○　否○

解释

如果你的回答中“是”明显多于“否”，请注意你的健康状况。尤其是如果这种状况已经存在了很长时间的话，最好进行及时的自我调节或向心理老师咨询。

真情寄语

不可以一时之得意而自夸其能，亦不可以一时之失意而自堕其志。

六、落榜不落志　重塑自信心

——谈落榜生的心理调适

高考过后，同学们中间便流传起一句顺口溜来：“过了（六月）七、八、九，有人欢喜有人忧，金榜题名成骄子，名落孙山苦忧忧。”这句顺口溜成了许多同学对高考结果的心情的真实写照。

高考落榜后，一部分同学的心理会发生很大的变化，即在相当长的一段时间内情绪低落、意志消沉，几乎无法面对未来。这时候，自卑感、不满情绪以及失落感等消极的情绪正悄悄地蔓延，面对人生旅途中的第一次大失败、大挫折，即使再超脱的人，精神上也不可能是轻松、愉快的。因此，由于失败和挫折而引起情绪低落是正常的。

那么对于落榜生来说，怎样克服由此引发的挫折心理、怎样用智慧来驾驭自己的情感，使自己走出这段情绪的低谷呢？

成功

寻找失败的真正原因

寻找失败原因的过程也是客观分析自己的过程，通过分析自己在高考之前、之中的表现，可以重新对自己进行评价，通过评价找到了问题所在，也便于同学们以后的学习和生活。

学会发泄自己的情绪

内心失败受挫的感觉，可以在发泄中得到缓解和消除，如弹奏几支感情激越的曲子，或唱几首歌，或到林间、溪旁、田野中去向大自然高声呼喊，或找一个合适的地方大哭一场，或找自己的好友谈一谈等，这些都是很适用且有效的发泄自己不良情绪的方法。将压在心头的不良情绪通过琴键、音符、旋律、树木、花丛、流水、青山、白云发泄出来，会减轻你精神上的负担和压力。

学会转移自己的情绪

心理学的研究表明：情绪反应是建立在高级神经中枢的暂时联系，当人们受到精神刺激时，大脑皮层就建立起一个兴奋点，如果有意识地再建立起一个兴奋点，就可以使原来的兴奋点受到抑制。当挫折使人的情绪低落、感到沮丧和烦恼时，最好运用可能的方法转移自己的情绪。例如，不要总是追忆高考的过程，也不要什么事都不做，而是要多做一些自己平时能做得很好的事情，使自己找回自信。

学会自我安慰

人生要经历无数次的成功与失败，要学会不沉醉于一时成功的喜悦，也不沉沦于一时失败的沮丧，要以一种潇洒的态度对待人生。如果你把失败看作是人生中通向成功的必由之路，你就会对自己充满信心，真正做到："落榜不落志，挫折不算啥。自学亦成才，志在海天涯。"请不要把什么都看成唯一的，一次高考落榜，绝不等于人生事业的"落榜"，条条大道通罗马，成功的道路就在你脚下。

年轻的时候承受一两次失败其实是件好事，人生的经历会因此而更加丰富，多方面调整好自己的心态，早日走出过去，笑到最后的你一定能笑得最灿烂！希望同学们能利用上述方法进行自我调适，排除不良情绪，缓解心理压力，重整旗鼓，通过不懈的努力和追求，使自己梦想成真！

趣味心理测试

你的耐挫力强吗

指导语：下面是测试你耐挫力的一个量表。如果你想了解自己对挫折有多大的抗争能力，请选择以下十道题目做一个测试。

1. 有非常令人担心的事时：

A. 无法应付　　B. 应付自如　　C. 介于 A 与 B 之间

2. 碰到了讨厌的对手时：

A. 尽量回避　　B. 微笑面对　　C. 介于 A 与 B 之间

3. 失败时：

A. 破罐破摔　　B. 把失败变成成功的契机　　C. 介于 A 与 B 之间

4. 工作进展不顺利时：

A. 焦虑万分　　B. 冷静地想办法　　C. 介于 A 与 B 之间

5. 工作感到疲倦时：

A. 总是想着疲倦，脑子不好使了

B. 不顾疲倦继续工作

C. 介于 A 与 B 之间

6. 工作条件恶劣时：

A. 无法干好工作

B. 能克服困难干好工作

C. 介于 A 与 B 之间

7. 产生自卑感时：

A. 精神萎靡不振

B. 能认识到自己的不足，进而奋起直追

C. 介于 A 与 B 之间

8. 不想再工作时：

A. 回避

B. 立即振作起精神去工作

C. 介于 A 与 B 之间

9. 老师给了你很难完成的任务时：

A. 顶回去了事　　B. 千方百计干好　　C. 介于 A 与 B 之间

10. 困难落到自己的头上时：

A. 嫌恶之极　　B. 认为是个锻炼　　C. 介于 A 与 B 之间

评分

选 A 得 1 分，选 B 得 3 分，选 C 得 2 分。将得分相加，即是你的总分。

你的总分为：______________。

解释

21～30分：你耐挫折力强。

11～20分：你具有一定的耐挫折力，但对某些挫折耐受力薄弱。

真情寄语

天生我材必有用，千金散尽还复来。

第五章

志愿填报

一、填报志愿应避免的十大不良心理

每年高考后，都有不少同学因各种原因而落榜或高分低就，其中，考试未考好的有之，志愿填报失误的有之，填报志愿时因不良心理而导致落榜的同学也不少。因此，防止与克服不良心理对科学地填报高考志愿至关重要。填报志愿时容易出现的一些不良心理如下。

自卑心理

有些同学自卑心理严重，常常想，有个大学念就行了。他们在填报志愿时常常过高估计报考学校的分数，因为自卑没有选择最理想的大学或专业。建议这类同学填报志愿时必须实事求是，有自卑心理的同学要根据自己自卑心理产生的原因，采取相应措施。

从众心理

从众心理的同学填报志愿时突出的表现就是看到人家报什么志愿，就想跟着报什么志愿，跟着别的同学走。然而，别的同学的情况跟自己的情况根本不一样，学习情况不一样，考试心态不一样，兴趣爱好不一样，因此报考志愿不能从众。

攀比心理

攀比心理常常表现在成绩相仿的同学之间，这与嫉妒心理有关。我在指导学生填报高考志愿时就曾遇到过这类学生。有两位同学的考分只有几分之差，两位同学均想报考北京师范大学。分数低几分的同学跟我说："她报北师大，我不报这不是亏了吗？我不服气，她报我心里嫉妒。"我告诉她："问题是，她报北师大不被录取，你同样也不被录取。"最后，经我协调，考虑分数、兴趣与爱好等诸多因素，分数低一点的同学选择了南开大学，后被该校英语专业录取（该生英语口语考了 93 分），分数高一点的同学选择了北京师范大学，后被该校汉语言文学专业录取。

自负心理

有自负心理的同学的特点是觉得自己了不起，比别人厉害，而且容不得别人超过他，比较容易出现在高分层的同学中，尤以 600 分以上的同学为多。他们认为自己的考分报哪所学校都行，其实，他们的分数并不算很高，结果往往是报了某某名牌大学而未被录取。一位复读后考入名校的同学曾对学弟学妹们语重心长地说："那个黑色的六月不堪回首，向来高傲自信的我遭受了一个无情打击——'大学梦'被击碎，寒窗苦读的日子要重来。痛苦的经历使我开始反思志愿填报中的不足，实际上，我的失利在于过于自负。"因此，同学们在选择志愿时，要正确认识自我。一是根据自己的兴趣、爱好和志向，选择适合的学校和专业；二是客观地分析自己在整个考生群体中的位置，从而把握住志愿选择的大方向，慎重地填报好自己的志愿。

恐惧心理

有位学生到心理咨询室来告诉我："我一听说报考志愿心里就发慌，手心就出汗，有时甚至脑子一片空白。想到这是事关自己一辈子前途的事情，志愿填不好，就可能影响到自己的将来，所以很害怕，您说我该怎么办？"如果此类同学问题严重，应及时求助于学校的心理老师或心理医生，进行系统脱敏治疗。

烦躁心理

填报志愿是一个复杂的动态过程，需要反复征求父母与老师的意见，才能做出比较满意的决策。报考志愿时要心平气和、冷静思考，不能烦躁。烦躁心理一出现就很容易影响正确决策。

侥幸心理

有些同学很想报考重点大学，甚至名牌大学，可是自己的学习实力达不到。这些同学就把希望寄托在超自然的力量上，甚至去烧香、拜佛、算命和许愿，这些都是靠不住的。还有一些同学误认为高考是碰运气，填报志愿也是碰运气，存在着严重的侥幸心理。希望这些同学填报志愿前要沉着冷静、理性分析、科学选择，特别要争取各方面的意见和建议，根据学习实力填报志愿。

草率心理

有些同学草率行事，随便填报志愿，这是对自己极不负责的行为。其实，复习好是为了考得好，考进自己想上的大学和想学的专业。殊不知，报考志愿也是实现这个目标的重要环节。

依赖心理

有的同学来心理咨询室对我讲："考试归我，填报志愿归我爸妈，爸妈不能代替我考试，但是填报志愿是他们的事，他们让我报什么我就报什么。"其实，有这种依赖心理的同学丧失了自己报考志愿的权利。上大学是自己的事情。谁来念大学？谁对自己最了解？爸妈的意见是要充分听

与他人比较？
名牌大学？
听父母意见？
选择……
面对人生重大

取，但不能完全交给爸妈，这实际上是对自己和父母的不负责任。

攀高心理

有攀高心理的同学的特点是富有冒险性，他们往往把自己要报考的学校与自己实力所能达到的分数不放在一个水平上。有些人就算是分数已经出来了，知道了自己考不上理想的大学，也还是不甘心地幻想那所大学报的人少，录不满，自己能被录取。对这类同学，我们特别要提醒的是在下一批次的志愿填报上务必要根据自己的考分仔细选择与自己的分数和兴趣爱好相吻合的志愿，要慎重填写，这样即便有攀高心理出现时，也能尽量保住与自己分数相匹配的学校和专业。

“只要信心不滑坡，办法总比困难多”，衷心希望我们所有参加高考的同学都能消除以上十大可能影响到其填报志愿的心理误区，理性分析，科学地选择好自己的志愿，早日跨进自己理想的大学殿堂，实现自己的人生理想！

唐代诗人孟郊，中举后兴奋异常，写了一首著名的诗《登科后》，在此转赠给所有今年参加高考的同学们：

昔日龌龊不足夸，
今朝放荡思无涯。
春风得意马蹄疾，
一日看尽长安花。

最后，祝大家成功！

趣味心理测试

专业兴趣问卷测查量表

指导语：请认真阅读下列问题，根据自己的实际情况做出回答。A. 符合，B. 比较符合，C. 一般，D. 比较不符合，E. 不符合。

1. 喜欢上物理课。（　　）
2. 喜欢上数学课。（　　）
3. 喜欢上化学课。（　　）
4. 喜欢阅读天文学方面的书籍或文章，与别人一起谈论天文知识。（　　）
5. 对饲养动物的经验介绍感兴趣。（　　）
6. 非常欣赏医生救死扶伤的品格。（　　）
7. 喜欢看农学、植物学和动物学方面的读物。（　　）
8. 对森林保护和开发很关心。（　　）
9. 拿起世界文学名著就爱不释手。（　　）
10. 喜欢看各种报纸、杂志，欣赏收音机、电视中的各种节目。（　　）
11. 喜欢上历史课。（　　）

12. 剧院、博物馆和艺术展览对我有特殊的魅力。（　）

13. 喜欢读地质勘探方面的文艺作品或科普读物。（　）

14. 喜欢阅读有关世界各国的文化、经济、国家制度方面的书籍杂志。（　）

15. 对公安工作方面的文章感兴趣。（　）

16. 想多了解一点海员、飞行员的生活与工作情况。（　）

17. 先进少先队辅导员和模范教师的事迹常使我十分感动。（　）

18. 对机床构造和工作性能感兴趣。（　）

19. 喜欢对自己学习、生活和工作环境做出评价。（　）

20. 对建筑师的事迹感兴趣。（　）

21. 对食品制作和加工有特殊的爱好。（　）

22. 喜欢阅读制造工艺方面的文章。（　）

23. 想知道电子仪器和无线电仪器的构造。（　）

24. 想看有关文艺评论方面的文章。（　）

25. 经常阅读数学方面的科普读物。（　）

26. 关心新矿藏的发现与研究。（　）

27. 对介绍别的星球情况的广播、电视节目感兴趣。（　）

28. 羡慕用动物做实验的生物学家。（　）

29. 想了解关于疾病的起因、治疗和病人护理方面的知识。（　）

30. 对农民的生活、劳动很关心。（　）

31. 想到森林中去旅行、考察。（　）

32. 关心物理学方面的新发现。（　）

33. 对国内外发生的大事很敏感。（　）

34. 喜欢读历史方面的书籍。 (　　)

35. 歌剧和交响乐使我陶醉。 (　　)

36. 特别关心化学方面的新成就。 (　　)

37. 想知道地理方面的新发现。 (　　)

38. 当老师不在时能主动维持班里学习和生活的正常秩序。 (　　)

39. 对铁路运输方面的情况感兴趣。 (　　)

40. 愿意给同学讲解如何解一道难题、如何正确造句等。 (　　)

41. 想学会使用钳子、扳手、钢锯等工具。 (　　)

42. 喜欢做有关社会服务方面的笔记、卡片和剪报。 (　　)

43. 喜欢了解建筑部门的新成就。 (　　)

44. 对生产生活必需品的工厂感兴趣。 (　　)

45. 想知道现代制造工艺方面的新成就。 (　　)

46. 喜欢看无线电技术方面的科普文章。 (　　)

47. 常常做一些物理方面的小实验。 (　　)

48. 愿意给比自己年纪小的孩子讲故事、读书，带他玩。 (　　)

49. 一上化学实验课就特别高兴。 (　　)

50. 非常羡慕那些能说出每一个星座的名称和位置的人。 (　　)

51. 集体外出活动时，愿意为大家安排吃饭、休息等事。 (　　)

52. 想学会包扎和抢救伤员。 (　　)

53. 喜欢养鸡、养兔、种小片庄稼，并精心照料它们。 (　　)

54. 喜欢收集森林中的植物标本。 (　　)

55. 尝试着写些故事、诗歌和散文。 (　　)

56. 喜欢观察别人的行为和生活情况，热衷于学校和班里黑板报工作。 ( )

57. 参加或想参加学校历史小组，经常收集有关历史文件的资料。 ( )

58. 喜欢收集矿物，积累矿物方面的知识。 ( )

59. 喜欢朗诵诗、唱歌，很想参加学校文工团或演出小组。 ( )

60. 对大自然和自己故乡的地理环境很感兴趣。 ( )

61. 对犯罪、家庭纠纷、人事诉讼等报道很感兴趣。 ( )

62. 想成为摩托车和汽车的优秀驾驶员。 ( )

63. 专门爱解复杂的数学题。 ( )

64. 喜欢制作各种零件、修理自行车等。 ( )

65. 经常观察动植物的生长变化。 ( )

66. 喜欢参观建筑工地。 ( )

67. 经常自己动手裁剪衣服，对家里使用的电器的质量与性能很了解。 ( )

68. 喜欢自己动手组装和修理自行车、缝纫机、钟表等。 ( )

69. 能修理收音机、电视机和简单的电子仪器。 ( )

70. 如果学校组织物理小组，我一定报名。 ( )

71. 愿意协助民警和公安人员维护社会治安。 ( )

72. 设法在家里搞些化学小实验。 ( )

73. 很想参观天文馆和天文台。 ( )

74. 积极报名参加生物小组。 ( )

75. 很想在猴子、狗等动物身上做些医学实验。 ( )

76. 喜欢设计安装收音机、扬声器和无线电仪器。 ( )

77. 喜欢栽培树木，并精心管理它们。 ( )

78. 善于查阅字典、辞典和文学资料索引。 ( )

79. 善于迅速地把注意力从一件事转到另一件事上去。 ( )

80. 特别爱看历史题材的电影和戏剧。 ( )

81. 爱好弹奏乐器、绘画、雕刻和其他造型艺术。 ( )

82. 喜欢收集地质方面的文献、图片。 ( )

83. 如果组织地理考察，我将积极报名。 ( )

84. 已是或很想成为数学小组成员。 ( )

85. 向往当个海员或列车员。 ( )

86. 对少先队辅导员工作很感兴趣。 ( )

87. 愿意经常到工厂参加劳动。 ( )

88. 当亲人、朋友、同学要买东西时，乐于给他们当顾问。 ( )

89. 很羡慕建筑设计师的工作。 ( )

90. 对生产手表、缝纫机和电视机的工人以及纺织工人十分羡慕。 ( )

91. 从小就喜欢制作飞机、滑翔机和舰艇模型。 ( )

92. 能说出各种农作物的生长期及其特点。 ( )

93. 经常解一些物理竞赛的题目。 ( )

94. 喜欢阅读教育学、心理学、教学经验方面的文章和书籍。 ( )

95. 遇到化学难题，哪怕花很长时间也要把它解出来。 ( )

96. 对国内外发射的人造天体带回来的科研资料、外星球情况很感兴趣。 ( )

97. 喜欢做一些动物小实验。 ( )

98. 对人体的生理解剖特点和各器官功能很感兴趣。 ( )

99. 想通过实验培育农作物新品种。 ( )

100. 想当个伐木工或护林员。（　　）

101. 对古今中外文学家的作品和事迹很熟悉，有自己崇拜的文学家。（　　）

102. 经常在日记中分析生活中的事件，文字简练、生动、风趣。（　　）

103. 游览名胜古迹时，常仔细研究那些碑文、古诗而流连忘返。（　　）

104. 对艺术理论和艺术史很感兴趣。（　　）

105. 能正确说出地球经纬度对时间的影响。（　　）

106. 喜欢做艰苦的长途旅行，在旅行中对地形地貌很感兴趣。（　　）

107. 羡慕律师和法学工作者的工作。（　　）

108. 长途汽车司机的工作对我很有吸引力。（　　）

109. 常参加或观看各种数学竞赛。（　　）

110. 认为重工业是最有气魄的行业。（　　）

111. 在生活中愿为人们提供各种帮助。（　　）

112. 对练习使用斧、锯等木工工具感兴趣。（　　）

113. 认为轻工业比重工业更好些。（　　）

114. 能熟练地阅读技术图纸或图表。（　　）

115. 会使用精密的电子仪器进行测量和计算。（　　）

116. 喜欢阅读介绍牛顿、爱因斯坦等物理学家的文章、书籍。（　　）

117. 听说一件事情需要用数学知识才能完成，马上就产生兴趣。（　　）

118. 愿意并善于同各种人往来。（　　）

119. 对有关飞碟和外星球有生物的报道十分感兴趣。（　　）

120. 喜欢读有关著名生物学家生平的书籍。（　　）

121. 积极参加学校卫生保健小组。（　　）

122. 学会开拖拉机，操纵农业机械。（　　）

123. 关心林业方面的新成就。（　　）

124. 对语词和成语的产生感兴趣。（　　）

125. 喜欢进行复杂的绘图与设计。（　　）

126. 关心其他国家的历史。（　　）

127. 经常听音乐，并不止一遍地看同一出话剧、歌剧或舞剧。（　　）

128. 喜欢阅读有关著名地质学家生活与活动的文章。（　　）

129. 喜欢研究地球各大洲的地理概况。（　　）

130. 能对朋友、熟人或文学作品中的人物的行为做出判断。（　　）

131. 对交通运输工具发展很关心。（　　）

132. 喜欢孩子，愿意教他们学知识。（　　）

133. 经常研究新的机器设备。（　　）

134. 听说一个任务与化学知识有关，立刻增添了兴趣。（　　）

135. 喜欢动手做一些小型的建筑模型。（　　）

136. 对轻工业品展览很感兴趣。（　　）

137. 常给学校黑板报、报纸杂志等写稿，或提出自己的建议。（　　）

138. 会看复杂的无线电电路图。（　　）

解释

记分的方法是：选 A 的记 2 分，选 B 的记 1 分，选 C 的记 0 分，选 D 的记 -1 分，选 E 的记 -2 分。把以上各题的得分，填写在下表各个题号的下边，然后把每一横行的6个得分相加，得分最高的那一行相对应的专业，就是你最喜欢的专业。

专业兴趣	题号及得分						总　计
物理	1	32	47	70	93	116	
数学	2	25	63	84	109	117	
化学	3	36	49	72	95	134	
天文学	4	27	50	73	96	119	
生物学	5	28	65	74	97	120	
医学	6	29	52	75	98	121	
农业	7	30	53	92	99	122	
林业	8	31	54	77	100	123	
文学	9	24	55	78	101	124	
新闻	10	33	56	79	102	137	
历史	11	34	57	80	103	126	
艺术	12	35	59	81	104	127	
地质	13	26	58	82	105	128	

续表

专业兴趣	题号及得分						总计
地理	14	37	60	83	106	129	
法律	15	38	61	71	107	130	
交通运输	16	39	62	85	108	131	
教育	17	40	48	86	94	132	
产业工人	18	41	64	87	110	133	
服务行业	19	42	51	88	111	118	
建筑	20	43	66	89	112	135	
轻工业	21	44	67	90	113	136	
机械加工	22	45	68	91	114	125	
电子技术	23	46	69	76	115	138	

真情寄语

只要信心不滑坡，办法总比困难多。

二、走近象牙塔

——谈如何填好高考志愿

人们常常把填报志愿称作“第二轮高考”。曾有不少过来人语重心长地对学弟学妹们传授经验说，“考得好不如填得好”。且不论这种说法是否准确，但由此我们不难看出填报志愿的严肃性和挑战性。

高等学校招生，即高中毕业生的升学，是一项关系到千家万户的工作，社会各方面历来都很关注。对于每位同学来说，能否考上大学，考上哪一类大学、哪一类专业，直接关系到几年以后的就业方向，是人生道路上的一件大事。因此，对于每位同学来说，一方面要认真参加高考，在入学考试中考出真实水平，考出优秀成绩；另一方面还要认真对待选报志愿的问题，选择好合适的大学和专业。那种“为考分奋斗几年，为志愿思考几天”，是对自己不负责任的态度。

填报志愿，初看起来是挑选学校和专业，是学生自己的事，但实际上所填志愿能否实现、实现到什么程度，并不是一个单向选择过程，而是一个动态平衡过程，它不仅要受到学生本人所填志愿的可行性影响，而且要受到其他同学所填志愿的制约，因此，志愿填报是否合理，会直接影响到录取机会和结果。所以在填报志愿时既要放眼未来确立自己的职业理想和方向，又要尽量了解高校和专业的具体情况及要求，并掌握一些填报志愿的策略，科学合理地填报志愿。

高校的选择

衡量一所高校的实力，不外乎从学校的办学历史、学校类别、地理位置、师资力量、专业设置、办学特色以及与国外大学合作交流情况等几方面来考察。同学们在选择高校时，可以着重了解以下几个方面：这所大学的学科是否齐全；是否有强大的人文氛围；是否有深厚的底蕴；是否有高起点、大目标，瞄准一流目标不断进取。这些都是最能体现学校灵魂、此大学区别于彼大学的本质所在。特别地，还可以看一看是否是教育部直属全国重点大学，是否是国家的“双一流”高校，以及硕士点、博士点及博士后科研流动站的数量，国家和省部级重点学科、重点实验室的数量等情况。以上信息可从高校网站、招生简章、相关的报纸杂志以及有关招生部门、学校教师和亲朋好友等处获得。

专业的选择

在专业的选择方面，应遵循十六字原则“择己所爱，择己所长，择世所需，择己所利”，然后在遵循十六字原则的基础上重点关注以下几个方面。

首先，要关注重点学科。如果考分允许，可以考虑报考所选择学校的国家级重点学科专业。因为这说明该校在此专业领域的教学和科研实力是一流的，有能力给学生提供较好的学习环境。国内的领先地位也能决定这些专业在就业上会占很多便利，用人单位定向招人的可能性很大。

其次，要发掘潜力学科。事实上，就业形势好的专业和热门专业不一定完全对应，不要一味追求所谓的热门专业，应该根据自己的兴趣，选择一些更有研究实力和发展前景的专业。比如，可以选择一些基础、交叉学科，拥有硕士点、博士点和博士后科研流动站的专业。

最后，要慎待热门专业。如果一味追逐这类专业，势必造成这些专业考生剧增，录取分数线也节节高升，落榜生增加。这样盲目追求“热门”，不仅对国家选拔人才不利，而且会影响个人录取成功率。这就是为什么每年总有为数不少的学生，高考成绩不错，结果进不了理想的大学，造成高分落榜或高分低就的情况。因此，在选择专业时，一定要慎重考虑热门专业。

志愿的填报

关于志愿的填报策略，归纳起来有以下几个方面。

1. 充分了解招生信息

填报志愿之前，要通过各种途径认真了解招生情况。例如，查阅最近版本的全国高校目录，一般各图书馆都有收藏，书中会介绍各学校的详

本科
专科
高考

细情况和各专业的方向、培养目标及其开设的主要课程、毕业后的分配去向、报考学生的要求条件等；直接或间接接触有这方面知识的人，如老师或大学生等；查阅高校编发的招生简章，简章中一般都有较为详细的学校和专业介绍，包括毕业分配方向；等。

2. 认真衡量自身实际

填报志愿并不是碰运气，而是要从实际出发，尽可能胸有成竹。同学们可以参考“职业倾向测验”（见趣味心理测试），先对自己的专业大致定个方向，至于具体选报哪些学校的什么专业，则还有必要考虑自己的学习情况和身体状况等。

一般来说，同一种专业分布于不同层次的高校，对同学们的要求是不同的。选择高校首先要恰当估计自己的实力，即自己的学习情况和身体状况。通常，在德育、体育考核差别不大的前提下，学业水平显得突出和重要。因此，同学们不能不考虑到：本省共计划录取多少人？本中学在本省内是什么水平？考生本人在本中学和本班占什么位置？历来本中学升学情况如何？今年教学水平是呈提高趋势还是下降趋势？这样综合衡量考虑，选择什么层次的学校就基本上确定了。

3. 掌握志愿填报技巧

填报志愿既不要盲目攀高，也不要报得过低。要根据自己的高考分数和各档次大学录取分数线，谨慎地填报。首先，要报考能“冲顶”的学校，如选择几个往年录取分数线超过自己高考分数二三十分以内的学校；

其次，要重点填好往年录取分数线与自己高考分数近似的学校；最后，要准确填报能“保底”的学校，如录取线比自己高考分数低 30 分以内的学校。另外，注意每个档次都要填写几个平行志愿校，按照自己的兴趣和能力选择专业方向，确保既能“冲顶”又能“保底”。

填报志愿前，要了解清楚录取的相关章程。首先，在申报平行志愿时，填报的顺序很重要。录取的顺序是遵照志愿填报的顺序依次进行的，所以，如果你将录取分数最低的学校填到平行志愿的第一位，就相当于浪费了其余的名额。其次，要注意报考学校和专业有没有特殊要求。比如，有的专业对视力有要求，如果投档考生在这方面存在问题，就不会被录取。

当然，填报志愿的策略还有很多，如慎重考虑是否愿意服从调剂和虚心接受各方指导等，限于篇幅，在此就不一一展开列举了。

心理的调整

倘若填报志愿失误，遇到最不理想的坏情况，心理受挫，出现某些心理障碍，就要学会利用自我慰藉法、理性情绪法、幽默疗法、自我适度宣泄法、自我松弛练习、自我转化法和环境调节法等方法进行自我调适，排除不良情绪，缓解心理压力，重整旗鼓，通过不懈的努力和追求，使自己梦想成真。

既然有多少实力（分数）已成定局，那么充分利用它，在同等的情况下，如何获得最好的性价比，就是使用实力的方法问题了。以上的看法仅供大家参考，具体的选择还得各位家长和同学自己决定。俗话说，人生能有几回搏，衷心祝愿所有的同学们都能够美梦成真。

趣味心理测试

你适合做哪些工作

指导语：本测验的目的是看你对哪一方面的工作具有最大的倾向和潜力。请对下面的题目回答“是”或“否”。

1. 看推理悬疑小说时，常能在作者未告诉你之前便知道谁是犯罪嫌疑人吗？

是○　否○

2. 很少写错字、别字吗？　是○　否○

3. 宁愿参加音乐会而不愿待在家里闲聊吗？　是○　否○

4. 墙上的画挂歪了，会想着去扶正吗？　是○　否○

5. 宁愿读一些散文或小品而不愿去看小说吗？　是○　否○

6. 常记得自己看过或听过的事吗？　是○　否○

7. 宁愿少做几件事，力求做好，也不愿意多做几件马马虎虎的事吗？　是○　否○

8. 喜欢打牌或下棋吗？　是○　否○

9. 对自己的预算有控制吗？　是○　否○

10. 喜欢学习能使钟、开关、马达发生效用的原理吗？ 是○ 否○

11. 喜欢改变一下日常生活中的一些惯例，使自己有更充裕的时间吗？ 是○ 否○

12. 闲暇时较喜欢参加一些运动而不愿看书吗？ 是○ 否○

13. 对你来说数学难吗？ 是○ 否○

14. 喜欢与比你年轻的人在一起吗？ 是○ 否○

15. 能列出五个你自认为够朋友的人吗？ 是○ 否○

16. 对一般可办到的事，你是乐于助人的吗？ 是○ 否○

17. 不喜欢太琐碎的工作吗？ 是○ 否○

18. 看书速度快吗？ 是○ 否○

19. 相信“小心谨慎，稳扎稳打”是句至理名言吗？ 是○ 否○

20. 喜欢新朋友、新地方、新的东西吗？ 是○ 否○

解释

这个测验的答案没有对与错之分，只是看看你的倾向。

第一步，圈出全部答“是”的答案。

第二步，算算前十题（第一组）中有几个为“是”的答案。

第三步，算算后十题（第二组）中有几个为“是”的答案。

第四步，比较这两组答案。如果第一组中“是”比第二组多，那么表明你能从事耐心、细致、谨慎、琐碎的工作。例如，医生、律师、科学家、机械师、修理人员、编辑、哲学家、工程师、技术人员等。

如果第二组中的“是”比第一组多，那么表明你最大的长处在于成功地与人交往。适合的工作包括人事管理、顾问、运动教练、计程车司机、服务员、演员、推销员、广告执行者等。

如果你两组中的“是”大致相等，那就表明你不但能处理琐碎的事情，而且能维持良好的人缘关系。你的工作可以是护士、教师、农民、建筑工人、秘书、美容师、艺术家、图书管理员、政治家等。

真情寄语

择己所爱，择己所长，择世所需，择己所利。

· 参考文献 ·

班华 . 1994. 心育论 . 合肥：安徽教育出版社

陈雪枫，莫雷 . 1996. 心理自测 . 广州：暨南大学出版社

黄希庭 . 1999. 中学生心理健康：学生读本 . 北京：新华出版社

雷雳 . 2004. 高中生心理健康指导手册 . 北京：科学出版社

李百珍 . 1997. 青少年心理卫生与心理咨询 . 北京：北京师范大学出版社

林孟平 . 1988. 辅导与心理治疗 . 增订版 . 香港：商务印书馆（香港）有限公司

刘华山 . 1998. 学校心理辅导 . 合肥：安徽人民出版社

刘希庆 . 2004. 你会学习吗——提高学业成绩的技巧 . 北京：科学出版社

莫雷 . 2003. 青少年心理健康教育 . 上海：华东师范大学出版社

《青春期心理测试与辅导》编写组 . 2002. 青春期心理测试与辅导 . 北京：中国时代经济出版社

汪向东，王希林，马弘 . 1999. 心理卫生评定量表手册 . 增订版 . 北京：中国心理卫生杂志社

徐守森 . 2004. 你会交往吗——沟通的艺术 . 北京：科学出版社

余强基 . 2001. 当代青少年学生心理障碍与教育 . 北京：北京师范大学出版社

岳晓东，祝新华 . 2001. 中小学心理辅导实用理论与技巧 . 北京：北京师范大学出版社

郑日昌 . 1994. 中学生心理诊断 . 济南：山东教育出版社

·后　记·

“中学生心灵自助丛书”从构思、写作到出版经历了整整十年的时间，是我们在一线从事中学心理健康教育工作的一个思考和总结。丛书自 2007 年 4 月首次发行以来，得到了广大读者的热心支持，我们收到了很多热心读者的来信。本次修订吸纳了大家的建议，对书稿内容进行了完善，并对因政策调整导致的过时内容进行了修改。希望你们喜欢并从中受益。

众所周知，中学心理健康教育的最高目标就是培养学生“助人自助”能力。我们这套书就是为了达成这一目标而努力的，期盼读者能从书中获得您所需要的各种心理健康知识、心理调节技巧和方法，从而更好地了解自我、认识自我、调节自我、发展自我，真正达到“助人自助”的目的。

“中学生心灵自助丛书”的第一版和第二版自出版以来已多次重印，累计印量近 7 万册。这是大家对我们辛勤耕耘的最大肯定和鼓励，我们将继续努力写出更好的读物回赠大家。

需要特别感谢的是，丛书出版后，得到了各级教育行政部门的肯定和支持。丛书 2010 年参加桂林市第四届教育科研优秀成果评选荣获著作类一等奖第一名；重庆市教委将《心灵之友：中学生心理健康 DIY》选定为“重庆市 2011 年暑期中学生课外阅读推荐书目”；多个省市将丛书选入农家书屋和中小学馆配图书。

这套丛书能够顺利付梓，得到了很多领导、老师和学生的帮助。

我国著名教育家、中国教育学会原会长顾明远教授在百忙中为丛书作序让我们倍感荣幸、深受鼓舞。顾老先生为我们教育工作者做出了榜样，每次聆听顾老的教诲都是一次心灵的震撼和专业素养的提升。“活到老学到老”的终身教育理念在顾老身上体现得淋漓尽致。90多岁高龄的他每天坚持锻炼身体、看报、写微博、使用iPad上网等，让我们敬佩不已。借此机会表达我们对顾老先生的敬意与感谢！

我们在心理学领域走过的每一段路都离不开各个阶段很多老师的精心栽培和悉心教导。广西师范大学心理学系的全体老师带领我们走进了心理学的殿堂。大学期间，与白先同教授、沈阳副教授、文萍教授、李宏翰教授、陈振中教授、韦义平教授、苏思慧副教授、余欣欣教授、廖昌荫教授、熊宜勤教授、高金岭教授、孙杰远教授、吴素梅教授、莫文副教授、邓健副教授、秦素琼副教授、韩振华副教授、庞彬讲师和罗钢书记等前辈的学习与交流，让我们掌握了扎实的心理学理论基础。高永金在北京师范大学攻读硕士学位期间，还得到了檀传宝教授和傅纳副教授两位导师的悉心栽培，以及授课老师顾明远教授、许燕教授、王定华教授、马建生教授、张春莉教授、苏君阳教授、朱志勇教授、余清臣教授、张立成教授、朱志敏教授、熊晓琳教授、裴纯礼教授、王工斌副教授、苏立增副研究员、焦青副教授、马利文副教授、邓林园副教授、郑葳副教授、李亦菲讲师、李蓓蕾讲师、董敏教授等的帮助和指导。他们是我们走入心理学领域的引路人，没有他们悉心的教导，就没有我们的今天，也就不可能有这套书的问世。

最后，要特别感谢首都师范大学附属桂林实验中学为本书画漫画的学生们。他们心灵手巧地绘制的一幅幅漫画插图增添了本书的趣味性和可读性。他们是唐映雪、李丝丝、李京蔓、严淑凡、王雪、刘浩宇、陶青、汤玉洁、胡又嘉、于蕾婷、林骏翔、王蔚、王思廷、伍刘牛、史格骏、王磊、邓秀美、银珂、孙鹂、杨娅婷、黎斯恩、肖扬、王丽洁、张淳彬、赖博文、黄婧欢、廖婷玉、彭钰、叶露、吴秋华、余柳燕、廖楼云、刘香妍、廖书海、何可欣、文叶飞、朱晓泉、赵锦龙、王君豪、陆徽、张伟垚、文岐睿、罗尹祉东等。在此，向他们表示由衷的谢意！

衷心感谢广大读者对本丛书的关注和支持，正是有了你们的分享、交流与成长，才给了我们源源不断的信心和动力，祝愿大家身心健康、生活幸福！

高永金　张　瑜

2020 年 3 月